edition Worte & Werke

© 1. Auflage 2018

edition worte&werke, Sittensen

ISBN 978-3-9819283-1-0

Umschlaggestaltung: Marlene Miesner, Sittensen

Gestaltung und Satz: Marlene Miesner, Sittensen

Bildauswahl und Bildbearbeitung: Bianka Bohmbach, Claudia Meyer, Ole Schlesselmann

Lektorat: Natalie Enns, www.textgeeks.de, Marienheide

Gesamtherstellung und Verarbeitung: Finidr, s.r.o.

Printed in Czech Republic

www.worteundwerke.de

Bianka Bohmbach & Claudia Meyer (Hg.)

MEHR
HIMMEL
SEHEN

Ein Lesebuch mit
Einsichten und Aussichten

edition worte&werke

Inhalt

Vorwort

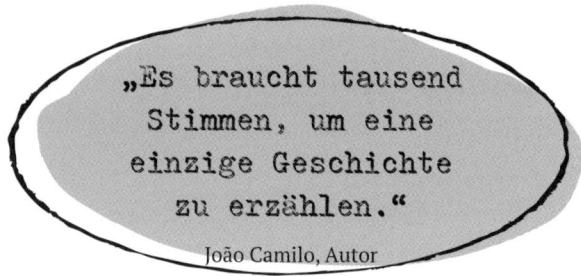

„Es braucht tausend
Stimmen, um eine
einzige Geschichte
zu erzählen."

João Camilo, Autor

Zugegeben – tausend Stimmen haben wir nun nicht zusammenbekommen, aber immerhin fünfundzwanzig! Es sind verschiedenste Frauen, die an diesem Lesebuch mitgeschrieben und mitgedacht haben. Aber sie erzählen eine einzige Geschichte. Es ist die Geschichte Gottes mit den Menschen, die aus vielen persönlichen Erfahrungen und Begegnungen besteht. Sie lässt mehr Himmel sehen. Und so sind sie entstanden, die Erzählungen für dieses kleine Lesebuch: Wir haben nachgefragt und nachgeforscht, welche biblischen Erzählungen Frauen in unserem Umfeld besonders bewegt haben. Und wir sind darauf gestoßen, was diese in ihnen freigesetzt und angeschoben haben.

Dabei trafen wir auf Geschichten, die vom Leben handeln: von Beziehungen und davon, wie das überhaupt funktioniert zwischen Gott und Menschen – und Menschen untereinander. Es geht um Vertrauen, um gelungene und nicht gelungene Beziehungen, um Sich-Fürchten und Sich-nicht-Fürchten, um das Glück, durch Pfützen zu springen und die Entdeckung des Regenbogens. Die Geschichten erzählen von Lebens-

10

wegen, vom Wandern und Sich-Finden, von erhörten und unerhörten Gebeten. Einige handeln davon, dass wir Gott manchmal nicht verstehen, aber auch von der Hoffnung, dass er in allen Belangen unseres Lebens für uns zuständig ist. Dieses Buch erzählt von der Erfahrung, dass Gott mehr aushält, als wir denken, und ein viel weiteres Herz hat, als wir vermuten.

So verschieden wie die Lebensumstände unserer Autorinnen sind, so individuell sind auch ihre Texte. Sie möchten keine allgemeingültige theologische Richtung vorgeben, sondern immer nur ein Fenster öffnen: damit unsere Leser und Leserinnen einen Einblick in die wunderbare Geschichte Gottes mit seinen Menschen bekommen.

Jetzt braucht es nur noch eins: den Blick in dieses Buch. Wir hoffen, es gefällt und öffnet die Augen für ein Stückchen mehr Himmel.

Bianka Bohmbach & Claudia Meyer

Schöpfung mit Wow-Effekt

PSALM 104

David könnte die ganze Welt umarmen. So glücklich ist er. Glücklich über den Tag. Glücklich über die Zustände. Glücklich über sein Leben. Glücklich über Gott. Er sieht sich um. Alles, ja wirklich alles hat Gott geschaffen. Bis in die Details ist alles wunderbar erdacht. Sonne, Mond und Sterne geben sich Tag und Nacht die Hand. Der Rhythmus von Wachsen, Gedeihen und Vergehen ist wie von unsichtbarer Hand gelenkt. Gott muss so unglaublich viele Ideen gehabt haben, als er die Natur schuf. David weiß: Gott ist Schöpfer des Lebens und der Lebensumstände. Das steht für ihn fest. Niemand sonst hätte sich all diese Feinheiten ausdenken können. Und auch so ein Tag wie heute kann nur aus Gottes Hand kommen: mit all dem Glück, das David erlebt, mit all der Freude, die er verspürt. Dieser Tag gehört zu den guten Tagen – und David weiß: Der Schöpfer der Welt ist heute da. Richtig anwesend. Zuständig für diese Welt. Sein Blick geht in die Zukunft: Was wird kommen? Wie werden sich die Dinge entwickeln? Wenn David an Gott denkt, fühlt er sich geborgen. So wie Gott heute ist, so wird er auch morgen sein. Gott ist sich selbst treu – und er ist den Menschen treu, die er geschaffen hat. David schaut sich um und genießt den weiten Blick. Er summt eine kleine Melodie:

Du meine Seele, lobe Gott, den Herrn.
Gott, du bist so groß, prächtig und herrlich gekleidet.
Es scheint, als würdest du ein Lichtkleid tragen.
Der Himmel sieht aus wie ein Zelt,
wie ein Haus über dem Wasser.
Die Wolken sind wie ein Wagen
und die Flügel des Windes tragen dich.
Alles was ist, ist, weil du es ins Leben riefst:
ob kleine Bäche, an denen die Tiere
ihren Durst löschen können, oder Vögel,
die auf den Zweigen der Bäume ein Lied zwitschern.
So lange ich lebe,
soll dir mein Loblied gehören.
Dich lobe ich.

Als Gott an meinem Herzen kratzte

Bianka Bohmbach

In meinem Leben ist Draußensein ganz wichtig. Zugegeben: Ich bin nicht abgeneigt, ein Wochenende auch mal ganz entspannt nichts zu tun. Aber noch lieber gehe ich raus: Ich könnte stundenlang durch den Wald gehen oder auf einer Bank sitzen und gucken, ob sich seit dem letzten Mal etwas verändert hat. Und Urlaub am Meer würde ich jedem Club- und Pauschalurlaub vorziehen: Ab an die Ostsee zum Bespiel – mit meinen Lieblingsmenschen. Damit entfliehe ich dem ständigen Erreichbarsein. Ob im

Wald oder am Meer: Draußen kann ich einfach mal ab-schalten! Das Wetter spielt dabei keine Rolle!

Die Jahreszeiten mit ihren positiven und negativen Sei-ten, Frühling, Sommer, Herbst und Winter. Weder schwitze noch friere ich gern, aber das gehört nun mal dazu. Auch Regen, mit entsprechender Kleidung, mag ich. Gummistiefel sind für mich kein Mittel zum Zweck bei schlechtem Wetter, sondern ein Spaß für die Füße. Ich liebe meine gelben Gummistiefel! Kürzlich bin ich, nachdem ich sichergestellt habe, dass mich niemand be-obachtet, durch einige Pfützen gehüpft.

Dabei freue ich mich immer wieder über die Schöpfung. Wie der Autor von Psalm 104. Er beschreibt darin die Wunder der Schöpfung. Da wird all das Schöne in der Na-tur noch mal aufgedröselt: In Vers 12 (Hfa): „An den Ufern nisten die Vögel, im dichten Laub singen sie ihre Lieder." Ist das nicht doll?! Das klingt wie ein „Nabu"-Naturbursche, der etwas zu viel Schnaps getrunken hat, und nicht wie ein Psalmbeter von vor tausenden Jahren.

Unsere Natur ist kostbar. Auch wenn jeder von uns seinen Teil dazu beiträgt, sie kaputtzumachen. Vers 19 (Hfa): „Du hast den Mond gemacht, um die Monate zu bestimmen, die Sonne weiß wann sie untergehen soll." Immer wieder staune ich darüber. Psalm 104 spricht mir deshalb aus der Seele. Ich verbinde damit aber auch ein ganz besonderes Erlebnis: Es war eine sternenklare Nacht auf Bornholm. Die

> „Ich habe ihm natürlich klargemacht, dass es mich nur so gibt, wie ich bin. Keine komischen Wandlungen sollte er mit mir vornehmen."

Nacht, in der Gott an meinem Herzen kratzte. Irgendwie war das ein merkwürdiges Beisammensein mit Gott und mir in dieser Nacht. Ich habe ihm natürlich klargemacht, dass es mich nur so gibt, wie ich bin. Keine komischen Wandlungen sollte er mit mir vornehmen. Ich hatte eine gute Kinderstube und mein innerlicher Kompass war schon ganz gut auf Spur.

Was mich in dieser Nacht so berührt hat, war wohl auch die Erkenntnis, dass ausgerechnet unser Planet Erde derjenige ist, auf dem wir als Menschen leben können. Wir atmen! Die Erde bietet uns Nahrung! Auf keinem anderen Planeten ist das auf diese natürliche Weise möglich. Das alles ist kein Zufall! Durch diese Gedanken hat Gott mich berührt – und mich gekriegt. So ungefähr war das mit mir und Gott. So einfach und doch manchmal kompliziert. Je mehr ich mich mit Gott beschäftigt habe, desto klarer wurde mir auch: Ich muss mich von einigen

Fragen, die der Glaube an Gott so mit sich bringt, verabschieden. Es gibt Fragen, die mir keiner beantworten kann. Punkt, aus! Das ist Glaube! Dass Gott und ich irgendwann mal reden müssen, face-to-face sozusagen, ist auch klar. Ganz ohne Zweifel an Gottes Allmacht ist mein Leben bis heute nicht, gleichwohl ich ihm sehr viel zutraue.

Warum ist nun der Psalm einer meiner Lieblingspsalmen? Weil er genau das beinhaltet, was mich seit den 1980er Jahren begeistert: die Natur und die Tiere. Das Wunder der Schöpfung in einem Psalm! Psalmen haben mich mein Leben lang begleitet, mein Taufspruch: ein Psalm; mein Konfirmationsspruch: ein Psalm. Und würde ich noch vor Vollendung dieses Buches heiraten, wäre auch der Trauspruch ein Psalm: „Ich will dem Herrn singen mein Leben lang und meinen Gott loben, solange ich bin" (Psalm 104,33 LÜ17).

Bianka Bohmbach, Baujahr 1974 (rückblickend ein exzellentes Baujahr), hat in ihrem bisherigen Leben zwei Berufe erlernt: ein Handwerk und „was mit Büro". Ersteres hat sie zu einer patenten Heimwerkerin gemacht (bei Technik ist sie jedoch raus!). Sie kommt aus Sittensen und liebt ihre kleine Galloway-Herde, die sie mit Freunden zusammen züchtet. Ebenso mag sie die Natur.

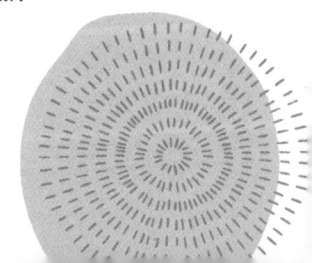

Manchmal schickt er uns ein Zeichen für sein Versprechen

GENESIS 6–9

Gott hatte genug von den Menschen, es reichte ihm gründlich. Sie hielten sich an kein Gesetz und keine Regel. Sie taten so, als gäbe es ihn nicht. Sie waren egoistisch und grausam. Er konnte ihre Bosheit nicht länger ertragen und bereute sogar, sie erschaffen zu haben. Und so beschloss er schweren Herzens, dass es so nicht weitergehen konnte. Alles was auf der Erde lebte, Mensch und Tier, sollte ausgemerzt werden. Nur einen Mann und seine Familie wollte Gott verschonen: Für Noah war Gott wichtig, er fragte nach seinem Willen und lebte so, wie es Gott gefiel. Er war anders als die anderen Menschen. Mehr als einmal hatten die deshalb über ihn gelacht oder den Kopf geschüttelt. Gott teilte Noah seinen Plan mit: Vierzig Tage und Nächte lang sollte es regnen. Durch eine große Wasserflut sollte alles Leben auf der Erde ausgelöscht werden. Noah und seine Familie und je ein Paar von allen Tieren sollten auf einem Schiff gerettet werden. Für den Bau dieser Arche gab Gott klare Instruktionen. Noah machte alles genau so, wie Gott es verlangte – mit dem Versprechen im Ohr, dass er und seine Familie überleben sollten. Und dann begann es zu regnen. Viele Monate lang war alles Land von Wasser bedeckt, alle Menschen und Tiere waren umgekommen. Dann floss das Wasser langsam ab. Gott ließ Noah wissen, dass sie nun das Schiff verlassen konnten. Nach langer Zeit hatten sie wieder festen Boden unter den Füßen, Gott hatte sein Versprechen gehalten. Und er ging noch weiter: Er gab ein Versprechen für alle Zeiten. Er ging einen Bund mit Noah ein und verbündete sich für immer mit den Menschen. Und dieses Mal gab er nicht nur sein Wort, sondern auch noch ein Zeichen: Der Regenbogen soll die Menschen aller Zeiten daran erinnern, dass Gott treu ist und seine Versprechen hält.

Ein Regenbogen für die unglaubliche Liebe Gottes

Bärbel Räke

Es gibt immer wieder Zeiten, in denen ich unsicher bin und Angst habe: um meinen Mann, um mich, um unser Leben, um unseren Hund … Manchmal gibt es dafür einen Anlass, manchmal überkommt es mich einfach. In meinem Leben gab es viel „Bewegung", es plätscherte nicht leise vor sich hin. Neben all dem Schönen, dem Glück und der Freude gab es Herausforderndes: Krankheiten, Bedrohliches, wir mussten loslassen. Nicht alles ist im üblichen Sinne gut ausgegangen, aber wir haben ganz viel Bewahrung erlebt. Situationen sind auf eine andere Art gut geworden, als wir es erhofft hatten, oft besser als gedacht. Wir haben erlebt, dass Gott uns behütet. Das ist ein Grund, warum ich unsagbar gern lebe.

Trotzdem ist mein Leben manchmal ein Selbstgänger: Hetze, Handy, Arbeit, unnütze Grübeleien, Wahrheiten, die hin und her gewälzt werden. Gott kommt dabei gar nicht vor, als hätte ich ihn vergessen. Dabei weiß ich, dass *er* uns nicht vergisst. Immer wenn mir das wieder klar wird, fällt mir die Geschichte von der Sintflut ein: lauter Leute, die um sich selbst kreisten und nicht nach Gott fragten. Eigentlich müsste Gott die Nase von uns voll haben. Warum sollte er dieses Hin und Her immer und immer wieder mitmachen? Und andererseits: Was sollte bloß aus mir werden ohne sein Behüten und seine Bewahrung? Es dauert dann ein bisschen, aber irgendwann

„Ich glaube an seine Liebe. Ich glaube an sein Versprechen. Und ganz oft habe ich deshalb keine Angst mehr."

wird mir dann zum Glück wieder klar: Gott ist anders. So wie er mit Noah einen Bund geschlossen hat, so hat er auch einen Bund mit mir geschlossen – und den wird er halten, wer und wie ich auch bin. Gott ist treu und er liebt mich. Das hat er schon immer getan.

Auch ich werde wohl immer so bleiben, wie ich bin, aber ich weiß: Gott kann das aushalten. Manchmal schickt er uns als Zeichen für sein Versprechen einen Regenbogen, den er in voller Pracht über uns spannt – und dann ist für den Moment wieder alles völlig klar. Für mich ist die Geschichte von der Sintflut zum einen die Geschichte von der Menschheit, bei der man das Gefühl hat: Sie wird nicht klug und lernt nichts dazu – und zum anderen ist es die Geschichte der unglaublichen Liebe und Treue Gottes. Ich glaube an Gott, den Vater. Ich glaube an seine Liebe. Ich glaube an sein Versprechen. Und ganz oft habe ich deshalb keine Angst mehr.

Bärbel Räke ist genussvolle 63 Jahre und das sehr gern. Sie treibt keinen Sport (hat sie in ihrer Jugend genug), ist aber bekennende Hundenärrin. Ein paar Tage in der Woche ist sie in Hamburg und macht dort Licht – auch das mit Leidenschaft.

Aufbruch in ein neues Land

GENESIS 12,1-9

Was für ein Tross, der da durchs Land zog. Die Menschen in Haran hatten am Anfang noch nicht ganz verstanden, was Abraham ihnen hatte mitteilen wollen. Und nun *sahen* sie, was er gemeint hatte: Er löste seinen Haushalt auf und machte sich mit seiner Frau, seinem Neffen Lot und allem, was er an Mensch und Tier hatte, auf die Reise in ein unbekanntes Land. Am Anfang hielten die Leute es für eine Laune, für eine verrückte Idee. Aber dann merkten sie: Abraham war es tatsächlich ernst damit. Er änderte seine Meinung nicht. An manchen Tagen machte er sogar den Eindruck, berufen zu sein – von Gott. Dabei war er eigentlich so wie alle anderen. Er war Ältester in einer Sippe in Haran, deren Vorfahren aus Ur in Chaldäa stammten. Vielleicht lag es ihm im Blut, dass er weiterziehen wollte. Wenn sie mit ihm darüber sprachen, schüttelte er den Kopf und sagte immer dasselbe: „Gott hat es so gewollt. So ist sein Plan. Er hat mit mir geredet. Ich höre es, als sei es gestern erst gewesen." Gott redete also mit Menschen? Mit ganz normalen Menschen? Abraham war nun kein besonders frommer Mann. Wieso sprach Gott dann ausgerechnet mit *ihm*? Und vor allem: Was genau hatte Gott zu ihm gesagt, dass er anscheinend gar nicht anders konnte, als seine Sachen zu packen? „Abraham, mach dich auf den Weg. Zieh weg von dem Haus deines Vaters, von deiner Verwandtschaft. Zieh in ein Land, das ich dir zeigen werde. Und ich verspreche dir: Ich werde dich zu einem großen Volk machen", soll er gesagt haben. Hier waren sie hellhörig geworden. Abraham war schon 75 Jahre alt und hatte noch nicht mal einen Sohn. Wie sollte das gehen? Doch Abraham erzählte weiter von Gottes Auftrag und Versprechen. Gott hatte ihm gesagt: „Ich will dich segnen und du sollst ein Segen für andere sein. Und ich will segnen, die dich segnen und verfluchen, die dich verfluchen. In dir sollen alle Generationen von Menschen auf Erden gesegnet sein." Spätestens an dieser Stelle hatten sich seine Zuhörer fragend angesehen und waren sich unausgesprochen einig: Mit Abraham stimmte irgendwas nicht. Aber nun zog er fort. In großem Vertrauen darauf, dass Gott sein Wort halten würde, hatte er von seiner Heimat Abschied genommen. Sie fragten sich, wie es ihm ergehen würde. Irgendwann später brachten Händler Nachrichten über ihn. Einige hatten ihn in Sichem getroffen, anderen hatte er seine Geschichte erzählt. In Bethel soll er einen Altar gebaut haben, um Gott anzubeten. Er hatte also seinen Glauben an Gott bis dahin noch nicht verloren.

> „Warum geht man
> irgendwohin,
> ohne zu wissen,
> wie es dort ist?"

Du sollst ein Segen sein

Julia Schöler

Die Geschichte von Abraham beschäftigt mich schon von
Kindheit an. Mit drei Jahren besuchte ich das erste Mal
die Sonntagsschule, in der mein Vater Mitarbeiter war.
Ich kannte schon ein paar Geschichten, da mir meine Eltern sie öfter aus der Kinderbibel vorlasen oder so er-
zählten. Schon damals war für mich die Frage: Warum
geht man irgendwohin, ohne zu wissen, wie es dort ist?
Wie ein roter Faden zieht sich diese Frage durch mein
Leben. Erste größere Station nach dem Kindergarten: die

Grundschule. Woher weiß ich, wie es dort ist und ob es mir dort gefällt? Doch ich weiß, dass ich in die Grundschule gehen muss und keine andere Wahl habe. Nächste Station: die weiterführende Schule. Ich entscheide mich fürs Gymnasium. Doch auch hier gibt es eine größere Auswahl und ich weiß nicht, ob diese Schule, die ich wähle, die richtige für mich ist. Dann die Frage: Wie geht es nach dem Abitur weiter? Ich mache mir viele Gedanken. Aber ich weiß keinen Beruf, den ich sofort erlernen möchte.

Ich beschließe, ein Freiwilliges Soziales Jahr zu absolvieren. Es geht auf die Nordseeinsel Borkum. Etwas ganz Neues beginnt und eine Schulkameradin kommt mit. Wie wird es werden? In einem „neuen Land" draußen im Meer, weit weg von den Freunden, der Familie und der Heimat weiß ich nicht, was mich erwartet. Ich kann nur darauf hoffen, dass Gott es gut machen wird. Das Jahr vergeht wie im Flug und ich merke, dass es genau der richtige Platz für mich ist. Gott wollte mich genau dort haben und er schickt mir Menschen, die Freunde für mich werden – Freunde fürs Leben.

Am Ende des Jahres erneut die Frage wie vor einem Jahr: Was will ich beruflich machen? Ich führe viele Gespräche und nach einem Bewerbungsverfahren steht fest: Ich werde eine pädagogische und theologische Ausbildung am CVJM-Kolleg in Kassel absolvieren. Wieder ein Umzug, wieder neue Menschen, wieder einmal die Herausforderung, aber auch die Chance, ein neues Zuhause zu finden. Gemeinsam mit einer Freundin aus der FSJ-Seminargruppe fange ich dort an. Ich möchte meine Leidenschaft zum Beruf machen: die Kinder- und Jugendarbeit. Auch dort merke ich, dass Gott mich dorthin geschickt hat, weil er weiß, dass es gut für mich ist.

Drei Jahre später wieder die Frage: In welchem Bereich möchte ich mein Anerkennungsjahr machen und wohin ziehe ich? Möchte ich als Erzieherin arbeiten oder als Gemeindepädagogin? Auch hier frage ich Gott wieder um Rat. Aber ich weiß, dass er auf jeden Fall einen Plan für mich hat. Ich entscheide mich, als Erzieherin in eine Jugendwohngruppe zu gehen – wieder in den Norden. Jetzt, am Ende der Ausbildung und im Aussendungsgottesdienst bekomme ich den Segen Gottes noch mal persönlich zugesprochen. Gestärkt mit diesem Zuspruch mache ich mich wieder auf den Weg. Diesmal ohne Menschen, die ich kenne. Wie wird es hier werden? Jetzt – ein Jahr später – ist meine Ausbildung vorbei und ich werde bei meiner Arbeitsstelle bleiben. Doch ich bin ganz offen, vielleicht möchte mich Gott auch woanders einsetzen, sodass ich ein Segen für andere sein kann. Diesen Segen möchte ich auch an die Kinder und Jugendlichen, mit denen ich arbeite, weitergeben. Sie sollen spüren, dass sie geliebt sind und sich Menschen für sie interessieren.

Ich bin gespannt, welche Stationen in meinem Leben noch auf mich warten. In welche mir noch unbekannten Orte schickt mich Gott? Vertraue ich darauf, dass er immer einen Weg für mich findet und einen Platz, an dem er mich haben will? Doch eins ist gewiss – ich ende mit meinem Taufspruch, den ich sehr passend finde: „Befiehl dem Herrn deine Wege und hoffe auf ihn, er wird's wohl-machen" (Psalm 37,5 LÜ17).

Julia Schöler, Tostedt, Jahrgang 1994, arbeitet als Erzieherin in der stationären Jugendhilfe. In ihrer Freizeit macht sie gern Musik und genießt die Zeit mit Freunden am liebsten bei gutem Kaffee und selbstgebackenem Kuchen. Ihren Ur-laub verbringt sie fast ausschließlich am Meer und träumt dabei oft von einem eigenen Haus mitten in den Dünen.

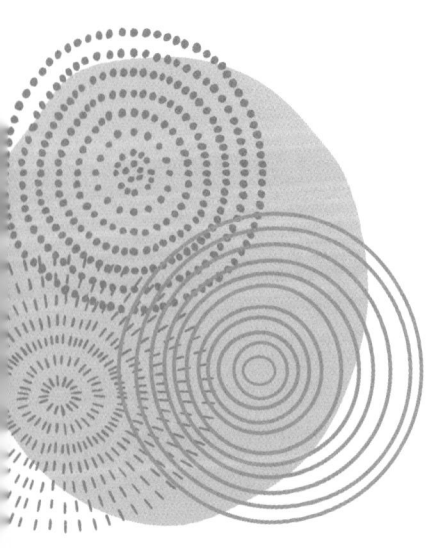

Mehr als ein Augenblick

GENESIS 16

Sie sitzt vor ihrem Zelt. Um sie herum ist geschäftiges Treiben. Manche kümmern sich um das Abendessen, andere versorgen die Tierherden, die Kinder tollen herum oder üben sich als Schafhirten. Und Hagar sitzt vor ihrem Zelt. Immer wieder gibt es diese Momente, in denen sie dasitzt und staunend all ihre Kinder und Kindeskinder um sich herum wahrnimmt. Sie alle sind eine große Familie, die stetig gewachsen ist. In diesen stillen, staunenerregenden, dankbaren Momenten denkt Hagar oft daran zurück, dass am Anfang nur Ismael und sie da waren. Es gab nur sie zwei: ihren erstgeborenen Sohn und sie. Sie beide hatten kein Zuhause, niemanden, der sie versorgte. Sie waren vertrieben worden und ohne Zufluchtsort. Eine Frau und ein kleines Kind. Das war eine Situation ohne Perspektive. Dabei hatte alles so vielversprechend begonnen …

Hagar lebte als Magd bei Abraham und Sara. Das Paar blieb lange kinderlos und litt darunter. Aus diesem Grund gab Sara ihre Zustimmung, dass statt ihr Hagar Abraham ein Kind schenken sollte. Diese war nicht die erste und wichtigste Frau für Abraham, das wusste Hagar selbst, aber sie freute sich, als sie schwanger wurde und Abraham und Sara ein Kind schenken konnte. Mit dieser Freude Hagars entstand auch Überheblichkeit. Sie hatte in Gedanken oft über Sara und ihre Kinderlosigkeit gelacht. Das spürte Sara. So verletzt wie sie war, nutzte sie ihre Stellung als Hagars Herrin, um sie zu demütigen, zu scheuchen und zu verletzen. Hagar hielt es nicht mehr aus und floh. Sie wollte einfach weg. Und sie lief in die Wüste. Einsam, allein und verzweifelt ließ sie sich nahe einer Wasserquelle nieder. Sie wusste keinen Ausweg mehr, wusste nicht, wie es für sie und das ungeborene Kind weitergehen sollte. Bei Abraham und seiner Frau Sara konnte sie nicht mehr leben. In all ihrer Verzweiflung fand sie dort bei der Wasserquelle ein Engel Gottes. Er fragte sie: „Wo kommst du her und wo willst du hin?" Hagar erzählte ihm ihre Geschichte. Daraufhin gab der Engel ihr den Auftrag zurückzukehren und als Saras Magd weiterzuleben. Und er versprach ihr: „Ich will dich und alle deine Nachkommen so zahlreich machen, dass euch niemand zählen kann. Ihr sollt eine große Familie werden. Und alles wird den Anfang mit dir und deinem ungeborenen Sohn nehmen, den du Ismael nennen sollst." Hagar konnte kaum glauben, was sie gehört und erlebt hatte. Sie, die kleine Magd wurde in ihrem Elend erhört von Gott, dem Herrn. Und so gab sie Gott und dem Ort, an dem sie ihm begegnet war, einen besonderen Namen und sagte: „Du bist ein Gott, der mich angesehen hat." Und sie nannte die Wasserquelle, in deren Nähe sie saß, „Brunnen des Lebendigen, der mich sieht". Und sie stand auf und kehrte zurück.

„Das war die erste Flucht", denkt Hagar vor ihrem Zelt an die Geschehnisse zurück. „Das erste Mal war ich noch zurückgekehrt." Als Sara dann aber doch noch einen eigenen Sohn, Isaak, zur Welt gebracht hatte, nahmen Neid und Missgunst zwischen den Frauen zu. Beide waren besorgt um die Zukunft ihrer Söhne und deren Stellenwert in Abrahams Sippe. Irgendwann war es nicht mehr auszuhalten gewesen und Sara und Abraham schickten Hagar und ihren Sohn Ismael weg. Hagar kann die Verzweiflung dieser Situation immer noch ganz stark in sich fühlen. Brot und Wasser waren irgendwann aufgebraucht und sie wusste nicht mehr, wie sie ihren Sohn versorgen sollte. Sie hatte sich schon damit abgefunden, dass alles ein Ende haben würde, als ihr erneut der Engel Gottes begegnete und sein Versprechen noch einmal bekräftigte. „Gott war mit mir und meinem Sohn", denkt Hagar. „Und er hat sein Wort wahr werden lassen." Da sitzt sie nun vor ihrem Zelt, inmitten ihrer großen, unzählbaren Familie. Gott, dem Lebendigen, der sie sieht, sei Dank.

———— • ————

Schauen und gesehen werden

Franziska Schaller

„Schauen und gesehen werden. Das ist die erste von fünf entscheidenden Erfahrungsqualitäten, die im Miteinander von Groß und Klein erfahrbar werden sollten", so höre ich es die Referentin auf der Konferenz sagen. Zunächst denke ich bei mir, dass das doch selbstverständlich ist. Ich schaue täglich andere Menschen an und werde von ihnen angesehen, so funktioniert doch unser Miteinander. Ich nehme Blickkontakt auf und der andere antwortet mit seinem Blick – wenn ich Glück habe. Im Hin und Her der Blicke kann so viel liegen: ein leichtes Bauchkribbeln beim ersten Blickkontakt mit dem Mann am anderen Ende des Raumes. Stillschweigendes Einvernehmen mit der Freundin inmitten einer Gruppe von Menschen. Und zugegeben, auch feindselige, bewertende und abschätzige Blicke sind dabei. Blicke, die in Schubladen einordnen. Schauen und gesehen werden, das ist doch ganz normal, denke ich bei mir. Ich höre die Referentin weiter über Eltern sprechen, die Kinderwagen schieben und dabei nur auf ihr Smartphone schauen – und nicht ihr Kind ansehen. Sie teilt mit uns ihre Beobachtung, dass viele ihre Umwelt und ihre Mitmenschen

nur noch durch ihre Smartphone-Kamera ansehen – mit Filtern, die Kanten weicher machen und scheinbar Unperfektes ansehnlicher. Sie berichtet von Personen, die anderen nicht in die Augen sehen können und die nicht gesehen werden wollen. Menschen, die beim Bahnfahren starr aus dem Fenster sehen, auch als sie gefragt werden, ob der Platz neben ihnen noch frei sei – ihre Antwort ist ein kurzes, nahezu unsichtbares Nicken. Schauen und gesehen werden. Ist es doch nicht so normal, wie ich dachte?

Während die Referentin ihre Gedanken weiter ausführt, beginnt in mir ein Lied zu erklingen: „Du bist ein Gott, der mich anschaut. Du bist die Liebe, die Würde gibt. Du bist ein Gott, der mich

> „Sie schaut ihr Leben und sich selbst vor Gott und gemeinsam mit ihm an. Und dabei muss sie keine Sorge haben, in eine Schublade gesteckt oder abschätzig angesehen zu werden."

achtet. Du bist die Mutter, die liebt, du bist die Mutter, die liebt."[1] Dieses Lied ist mir im letzten Jahr ins Herz gegangen. Nicht nur, weil die Melodie eingängig ist. Und auch nicht nur, weil es in meinem Vikariat besondere Momente des Miteinanders geschaffen hat, als wir es sangen. Sondern auch und vor allem deswegen, weil es glaubenswert von Gott erzählt. Es erzählt von Gott, wie er der Magd Hagar in der Wüste begegnet ist. Diese Begegnung erzählt von einem ganz bestimmten Schauen und Gesehenwerden. Hier wird Gott erfahrbar als einer, der sieht. Und darin ist – so glaube ich es – ein entscheidendes Wesensmerkmal Gottes zu entdecken. Gott schaut seine Menschen an. Er schaut mich an. Er sieht uns mit allem, was wir sind, was uns bedrückt, was uns

31

Freude macht. So sieht Gott Hagar in der Wüste, an diesem einsamen Ort in ihrer Verzweiflung. So begegnet er ihr und macht diese für sie heilsame Begegnung möglich. Dabei ist er nicht bevormundend oder alles einnehmend. Nein, er sieht sie an und fragt zuerst. Er gibt seinem Gegenüber Raum zu erzählen. Der Engel, den Gott Hagar gesandt hatte, sagt ihr nicht sofort, was sie tun soll. Er gibt auch nicht vor, schon alles über sie zu wissen. Er fragt vielmehr: „Wo kommst du her und wo willst du hin?" (Genesis 16,8 LÜ17) Durch diesen offenen, interessierten Blick und die dazugehörige Frage, bekommt Hagar die Gelegenheit zu erzählen und sich ihren Kummer von der Seele zu reden. Sie schaut ihr Leben und sich selbst vor Gott und gemeinsam mit ihm an. Und dabei muss sie keine Sorge haben, in eine Schublade gesteckt oder abschätzig angesehen zu werden. Denn es ist Gott mit seinem besonderen Blick, der sie aufgesucht hat und sie mit all dem sieht, was sie ist. Gott wird so zu einer lindernden Quelle in Hagars Wüstenzeit des Lebens. So klingt es in Hagars Lied: „Geflohen aus Not in die Einsamkeit, durchkreuzt sein Wort meine Wüstenzeit."[2]

Dadurch ändert sich etwas bei Hagar. Indem sie so von Gott angesehen wird, indem sie sich gesehen fühlt, ändert sich ihr eigener Blick auf sich selbst, auf ihre Lebenssituation und letztlich auf ihre Zukunft. Durch Gottes Blick wird sie sich ihrer Würde und ihres eigenen Wertes (wieder neu) bewusst. Hagar ist angesehen und hat An-sehen – vor Gott und sich selbst. Dadurch entsteht neue Kraft in ihr. Gottes Blick ist Kraftquelle für

Hagar. Er lässt in ihrer inneren Wüste neues Vertrauen aufblühen, lässt sie wieder lebendig werden. „Zärtlicher Klang: ‚Du bist nicht allein!' Hoffnung keimt auf und Leben wird sein."[3] Es ist vielleicht ein wenig so, wie bei dem Spiel „Ich sehe was, das du nicht siehst". Gott sieht, wer Hagar ist. Er sieht, was sie kann. Und er sieht, was einmal aus ihr werden wird. Er sieht mehr, als sie selbst sieht oder sehen kann. Anders als in dem Spiel lässt er sie aber nicht herumraten und hofft, dass sie es nicht so schnell herausbekommt. Er macht ihren Blick vielmehr frei für eine Zukunft, für ihre Zukunft. Das alles wird möglich durch seinen wohlwollenden, wertschätzenden, ansehenden Blick auf sie. „Schauender Gott, wo findest du mich? Hörender Gott, wie höre ich dich? Durch all meine Fragen gehst du mir nach und hältst behutsam die Sehnsucht wach."[4]

Schauen und gesehen werden meint mehr als ein oberflächliches Ansehen von Personen. Es meint keinen durchbohrenden oder skeptischen Blick. Es meint keinen in seinem Sichtfeld begrenzten Blick. Es meint kein Ausweichen, kein Hindurchschauen oder Beurteilen. Einem solchen Sehen, wie Gott seine Menschen ansieht, werden meine Blicke auf meine Mitmenschen oft nicht gerecht. Und dabei merke ich, während Hagars Lied in mir erklingt, wie wichtig es ist und wie stark die Sehnsucht ist, selbst genauso angesehen zu werden, wie Hagar es erlebt hat. Ich denke, dass ich, dass eigentlich alle Menschen einen so liebevollen, würdegebenden, wirklich ansehenden Blick brauchen. Erst dadurch kann der Blick auf sich selbst klarer oder vollständiger und die Sehnsucht auf eine Zukunft wachgehalten werden. So göttlich angesehen zu werden, macht Mut. Mut dazu, auch selbst göttlich-mitmenschlich in diese Welt zu schauen und andere Menschen wirklich zu sehen in dem, wie sie sind, was sie bewegt, was sie sich wünschen, was sie brauchen. Hagars Geschichte mit Gott ist, so erlebe ich sie, eine Mut-mach-Geschichte. Mut dazu, mich von Gott ansehen zu lassen und Mut dazu, mich selbst anzuschauen. Und das auf diese eine wunderbare Weise, die liebe- und würdevoll ist.

„Du bist ein Gott, der mich anschaut. Du bist die Liebe, die Würde gibt. Du bist ein Gott, der mich achtet. Du bist die Mutter, die liebt, du bist die Mutter, die liebt."[5]

Franziska Schaller ist 29 Jahre alt und wohnt mit ihrer Familie in Gyhum, wo sie als Pastorin arbeitet. Die biblischen Geschichten begleiten sie schon seit Kindertagen. Für sie ist es spannend und herausfordernd zugleich, immer wieder Neues und Aktuelles in ihnen zu entdecken.

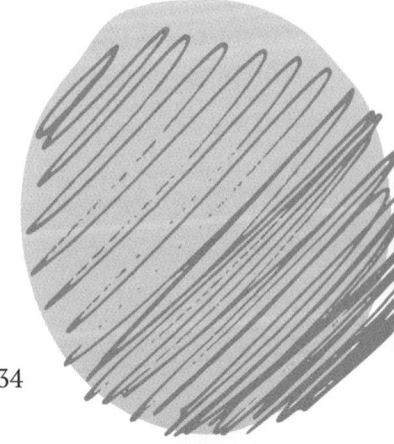

Segen ohne Verfallsdatum
GENESIS 22

Am Morgen war ich einfach aufgebrochen. Meiner Frau hatte ich nicht wirklich etwas von meinem Vorhaben erzählt. Wie auch? Doch eine Halbwahrheit genügte und sie ließ mich gehen. Sie hätte diesen Weg, der vor mir lag, ohnehin nicht mit mir teilen können. Es hätte ihr das Herz gebrochen. Sie hätte mich für verrückt erklärt, mich vielleicht verzweifelt verflucht und mich angefleht, alles zu nehmen – nur nicht das Kind, Isaak. Es war besser so. Allein zu gehen. Ohne zu reden. Denn wie sollte ich erklären, was ich selbst nicht verstand. Ich verbot mir meine Fragen. Zwei Nächte zuvor war ich aufgewacht. Ich hörte eine mir wohlbekannte Stimme: „Abraham, nimm Isaak, deinen einzigen Sohn, den du liebhast, und geh mit ihm in das Land Moria. Dort zeige ich dir einen Berg. Auf ihm sollst du deinen Sohn Isaak opfern." Ich wusste sehr wohl, wer mit mir sprach. Ich war schockiert. Konnte das sein, dass Gott sich selbst widersprach? Wollte er mir wirklich den geschenkten Segen, den mit ausgestreckten Armen empfangenen Segen, wieder entziehen?

Heiliges Erschrecken. Nichts war so wertvoll für mich wie mein Sohn: nicht das eigene Land, nicht die Schafe und Herden, nicht mein Besitz, nicht mal mein eigenes Leben. Alles hätte ich ihm gegeben. Vielleicht nicht sofort, aber doch eher als meinen Sohn. Und trotzdem traf ich meine Vorbereitungen für die Opferreise. Ich spaltete das Holz für das Opfer. Mit jedem Schlag, den ich in das Holz trieb, quälte mich die Frage: „Warum? Warum will er dieses Opfer? Ich verstehe ihn nicht!" Ich habe mit Gott verhandelt, ob es nicht einen anderen Weg gäbe, um mein Vertrauen zu testen. Denn mir war klar: Es ging ihm nicht um Isaak, der spielte nur eine Nebenrolle, wenn auch eine tragische. Ich wusste: Gott geht es um mich, um mein Vertrauen zu ihm, das er auf die Probe stellen wollte. Ich dachte über mein Leben nach. Ich sah mich noch einmal unter dem Sternenhimmel. „Ich will dich segnen und du sollst ein Segen sein", hatte Gott mir versprochen.

Schwere Stunden waren das für mich. Aber in diesen Stunden wuchs in mir eine Kraft, ein Vertrauen auf die Segensverheißung Gottes. Und dann ging es los. Zuerst waren wir zu viert unterwegs. Isaak, die Knechte und ich. Zwei lange Tage ohne Fragen. Als sich der Berg Moria mit seiner ganzen Schönheit vor uns auftürmte, ließ ich die Knechte zurück. Die letzte Strecke gehörte nur Isaak und mir. Und immer wieder war da diese Frage: „Wann greift Gott ein? Isaak darf nicht sterben ..." Ich hätte alles getan, um Isaak zu schützen. Ich gab ihm das Holz – und trug selbst das Messer. Jeder Schritt quälte. Wir gingen schweigend durch die karge Landschaft. Und dann stand sie plötzlich im Raum, zwischen Himmel und Erde, die Frage Isaaks, der lange nicht gesprochen hatte: „Also, wo ist das Tier für das Opfer?" Ein kluger Kerl, mein Isaak. Er hatte die Lage durchschaut: Wir haben Holz, wir haben ein Messer. Wir wollen ein Opfer bringen. Aber wie haben kein Tier ... Wie um alles in der Welt sollte ich meinem

Sohn erklären, was in diesen Stunden Gottes erklärter Wille war? Welche Schuld sollte er auf sich geladen haben, dass er sterben musste?

„Gott wird sich ein Opferlamm ersehen." Mehr konnte ich ihm nicht sagen. Ich hatte keine Ahnung, dass sich diese Worte später als wahr erweisen würden. „Gott wird." In diesen zwei Worten steckten meine Vergangenheit und meine Zukunft. Wie oft hatte ich in meinem Leben schon gespürt, wie souverän Gott meine Lebensgeschichte geschrieben hatte. Isaak ist das beste Beispiel dafür. „Gott wird" bedeutete: „Isaak, wir sind noch nicht am Ziel. Wir meinen, den Überblick über die Dinge zu haben. Darüber, was in den nächsten Stunden und Tagen mit uns geschehen wird. Der Sternenhimmel hatte mir gezeigt, dass bei Gott nichts unmöglich ist. Isaak, auch, wenn wir gerade kein Lamm haben, Gott wird ..." Ein prophetisches Wort, wie ich später begreifen sollte. „Gott wird", diese Worte standen im Raum. Und das tat Gott dann auch.

Wir erreichten den Berg gemeinsam, bauten den Opferaltar gemeinsam, stapelten das Holz gemeinsam. Dann band ich Isaak, meinen Sohn, auf das Holz. Schweren Herzens. Ich begreife es selbst nicht ... Hier war ich am Ende. Ich sah Isaak. Und ich sah durch ihn hindurch. Ich konnte das Elend nicht mit ansehen. Willenlos ergab ich mich dem scheinbar unaufhaltsamen Willen Gottes. Ich hob das Messer ... und dann hörte ich eine Stimme, die meinen Namen rief: „Abraham, Abraham." Ich unterbrach meine schreckliche Tat. Ich hörte zu, wie beim ersten Mal. Ich hörte im schrecklichsten Moment meines

Lebens auf Gottes Stimme. Ich erwartete noch etwas von Gott für mich. „Tu ihm nichts, Abraham", sagte Gott. „Jetzt weiß ich, dass du mir so sehr vertraust, mich über alles liebst und fürchtest, dass du mir selbst deinen eigenen Sohn nicht vorenthalten würdest." Und plötzlich konnte ich wieder klarsehen. Ich sah den Widder, der sich im nahen Gebüsch verfangen hatte. Den nahm ich – nicht Isaak, den Widder opferte ich – nicht Isaak. Ich hatte es nicht gewusst, aber den ganzen langen schweren Weg über gehofft. Gott nimmt Segen nicht zurück.

Segen ist Gottes Stärke

Claudia Meyer

Wie kannst du diese Geschichte nur gut finden? – Das werde ich oft gefragt, wenn ich von Abraham und Isaak erzähle. Was in dieser Geschichte erzählt wird, ist alles andere als schön. Zumindest bis zu dem Punkt, an dem Abraham den Widder im Gestrüpp entdeckt. „Der arme Abraham", habe ich als Mutter oft gedacht. Dass der das aushält – und dass der das tatsächlich tut. Warum hat er nicht Gott alles vor die Füße gespuckt, sich auf den Hacken umgedreht und gesagt: „Mit mir nicht! Mit mir nicht, Gott!" Diese Geschichte begleitet mich schon viele Jahre.

In der Jungschar habe ich pausbäckig mit vielen anderen ein Lied über Abraham gesungen: „Lass mich an dich glauben, wie Abraham es tat. Was kann dem geschehen, der solchen Glauben hat." Und als ob das nicht schon textlich gesehen schwierig genug war, bewegten wir unsere Füße wild im Takt. Manchmal schunkelten wir zu den nachfolgenden Worten: „Seinen Sohn führt er zum Brandaltar, zu opfern ihn wie's ihm von Gott befohlen war."

Kindermund tut bekanntlich Wahrheit kund. Und diese Wahrheit kann sehr bitter sein. Heute denke ich: Wie verrückt, dass mich dieses Lied geprägt hat. Ich mag es nicht mehr wirklich – zumindest nicht diese Strophe. Aber glauben möchte ich, Gott vertrauen. Gottes Segen ist für mich ganz wichtig geworden. An verschiedenen Stellen ist er mir in meinem Leben zugesprochen worden: Als Kind bin ich bei meiner Taufe gesegnet worden. Gott hat mir versprochen, immer bei mir zu sein. Als Jugendliche habe ich Segen

„Egal wie die Umstände sind, ob himmelhochjauchzend oder zu Tode betrübt, und egal ob mir Menschen in meinem Leben Gottes Segen absprechen wollen: Gott nimmt seinen Segen nicht zurück."

erfahren, wenn ich zum Beispiel auf Freizeiten war. Da haben auch schon mal tolle Mitarbeiter*innen mit mir und für mich gebetet.

Heute freue ich mich, wenn mir Segen zugesprochen wird. Zum Beispiel in der Osternacht: Da zeichnet mir jemand ein Kreuz auf meine Stirn, als Zeichen dafür, dass ich zu Gott gehöre und von ihm gesegnet bin. Egal wie die Umstände sind, ob himmelhochjauchzend oder zu Tode betrübt, und egal ob mir Menschen in meinem Leben Gottes Segen absprechen wollen: Gott nimmt seinen Se-

gen nicht zurück. Segen ist Gottes Stärke. Und Menschen segnen ist Gottes starke Seite. Einmal habe ich daran gezweifelt und mir Hilfe geholt. Zum Beispiel bei einer klugen Frau, die mir noch mal eindrücklich vermittelt hat: Was Gott versprochen hat, gilt – und wo er gesegnet hat, hält der Segen an. Das hat mir so unglaublich gutgetan. Es war wie frische Luft, wie Eintauchen in klares Wasser, wie eine dicke, herzliche Umarmung.

Seitdem ist mir klar: Gott wird nicht müde, Dinge in meinem Leben zurechtzurücken. Ich bin nicht mehr ganz so jung und schaue schon auf ein paar Jährchen zurück. Meine Lebenserfahrung ist, dass Gott seinen Segen nicht zurücknimmt – und ich habe Segen erlebt. Segen, der bleibt – weil Gott zu seinem Wort steht. Und wenn sich mein Leben überschlägt und ich mich auf dünnem Eis bewege, höre ich eine Stimme in mir wie Abraham: „Gott wird …"

Claudia Meyer, Sittensen, Jahrgang 1962, ist verheiratet und hat drei erwachsene Kinder. Seit 2017 ist sie tätig mit ihrer Agentur worte&werke. Sie schreibt, foto-grafiert und versteht sich als Ermöglicherin und kreative Entdeckerin. Sie liebt es, im Sommer auf ihrer Vespa zu fahren und würde am liebsten an einem schwedischen See wohnen und zweimal täglich ins kalte Nass eintauchen.

Du kümmerst dich um mich

PSALM 23

Am liebsten war David draußen bei den Schafen. Die Natur, die frische Luft. Mehr brauchte er nicht. Schlechtes Wetter kannte er nicht. Es ging ihm immer nur um die Schafe. Und das war auch gut so. Schließlich war er der Jüngste in einer ganzen Reihe von Brüdern. Und jeder fing mal klein an. Jeder hatte seine Aufgabe in der Familie. Und seine Aufgabe war die Schafherde. David hatte viel von seinen älteren Brüdern gelernt und die wiederum von ihrem Vater. Jeder gab an den anderen das weiter, was sinnvoll war und was sich bewährt hatte. Genügend Futter, frisches Wasser. Einen guten, fürsorgenden Blick für seine Schafe hatte er entwickelt. Manchmal sprach er mit ihnen. Kraulte ihnen durch die Wolle. Einige konnte er an ihren Stimmen erkennen.

Und wenn er sie rief, kamen sie alle über die Weide gerannt und David musste achtgeben, dass sie ihn nicht umrannten. Sie kannten seine Stimme, hörten auf seine Pfiffe. Am liebsten mochte David die kleinen Lämmer. Er staunte über ihren Lebensmut und darüber, wie sie in der Sonne Luftsprünge machten. Es war eine Freude, sie dabei zu beobachten. David erledigte seine Aufgaben gewissenhaft. Über das Jahr wurden aus seinen jungen Lämmern besonders kräftige Tiere. Das lag daran, dass er genau wusste, wo das gute Weideland war und an welchen Bächen sich die Tiere im Laufe der heißen Tage erfri-

42

schen konnten. Er konnte den Schafen stundenlang zusehen. Wie sie alle so dalagen und vor sich hin kauten.

Heute war einer von den ruhigeren Tagen. Aber es gab andere. Tage, an denen der Weg zu guten Weideflächen beschwerlich war. Tage, an denen es laut zuging. Dann waren manche Schafe unruhig und unnachgiebig. Es war an David, darauf zu achten, dass alle das Ziel erreichten. Die Wege, die sie gingen, waren schmal und steinig. Oft drohten gerade die jungen Lämmer abzustürzen – sie kannten ja noch keine Gefahr. Das hatte David im Blick – er musste schnell reagieren, wenn ein Lämmchen abrutschte. Einmal war es ihm erst im letzten Moment gelungen, ein Lamm vor dem Abgrund zu bewahren. „Gerade noch mal gut gegangen", hatte er gedacht und das Lamm den weiteren Weg getragen. So hatte er das gelernt. Wenn es der Herde gut ging und alle Tiere versorgt waren, so wie heute, hing David seinen Gedanken nach. Er liebte es, über Worte nachzudenken und sie aneinanderzureihen. Manchmal setzten sich bestimmte Worte in seinem Kopf fest: „Vertrauen" war so ein Wort. Vertrauen an den Gott Israels.

Er musste daran denken, was ihm zuvor am Tag passiert war. Sein Vater hatte ihn rufen lassen. Samuel, der Prophet, hatte Davids Familie in Bethlehem aufgesucht. Als David das Haus betreten hatte, war etwas Unglaubliches geschehen: Samuel hatte sein Ölhorn genommen und David Öl auf den Kopf gegossen. Und alle hatten das gesehen, seine sieben älteren Brüder und sein Vater Isai. Niemand ahnte, was das bedeuten würde. Es war ein heiliger Moment gewesen. Das hatten sie alle gespürt. Aber Samuels Mission war geheim – niemand wusste, dass Gott durch ihn in diesem Moment den nächsten König Israels erwählt hatte. Auch David nicht.

Gedankenverloren streichelte David eines der Lämmer. Er ahnte: „Wenn mich der Prophet Gottes salbt, ist Gott mir ganz nahe." Das machte ihn froh und zuversichtlich. Das Öl in seinen Haaren war noch zu spüren. Er überzeugte sich davon, dass alle Tiere zufrieden waren, setzte sich wieder hin und lehnte sich an einen Stein. Und dann reihte er weiter Worte aneinander. Worte über Gott. Worte über den Hirten. Und das Vertrauen, das er zu ihm hatte. Er summte eine Melodie. Beflügelt von der Begegnung mit dem Propheten. Die Worte kamen einfach so aus seinem Herzen:

Gott, du bist mein Hirte.
Du kümmerst dich um mich, damit mir nichts fehlt.
Dazu gehört grünes Gras und frisches Wasser.
Du erfrischst mich.
Du findest für mich den richtigen Weg, weil du du bist.
Im dunklen Tal weiß ich, dass du bei mir bist,
darum fürchte ich mich nicht.
Du leitest mich und tröstest mich.
Vor meinen Feinden bereitest du mir einen Tisch.
Du salbst mich mit Öl und gibst mir mehr als genug.
Deine Güte und deine Barmherzigkeit
sind mein Leben lang mit mir unterwegs.
Ich bleibe, wo du bist – für immer und ewig.

24/7/365

Friederike Carstens

Während der Konfirmationen wartete ich in den Bänken darauf, bis wieder jemand einen Vers aus Psalm 23 als Konfirmationsspruch ausgewählt hatte. Jedes Mal, wenn genau das eintrat, schmunzelte ich und dachte: Wie kann man sich nur selbst so einen Spruch aussuchen? Für mich war das eher nichtssagend. Irgendwie etwas Floskelartiges. Nichts Besonderes mehr. Man hat die Verse schon so oft gehört. Es war das, was eben jeder im Konfirmanden-Unterricht auswendig lernen muss. Das, was fast jeder aus der Bibel kennt, egal, ob er sich viel mit ihr auseinandersetzt oder nicht. In den Vorbereitungen für dieses Buchprojekt dachte ich darüber nach, welche Stellen mir aus der Bibel als erstes einfallen. Zuerst waren es einige Geschichten aus dem Kindergottesdienst. Direkt danach schoss mir dieser Vers durch den Kopf: „Der Herr ist mein Hirte." Ich musste wieder schmunzeln. Aber diesmal aus einem anderen Grund. Mir war nie aufgefallen, wie schön dieses Bild eigentlich ist: Gott als der gute Hirte. Hirten stehen für mich für etwas Behütendes. Für einen Beschützer. Für jemanden, der 24 Stunden, 7 Tage die Woche, 365 Tage im Jahr für seine Schafe da ist und sie nie aus den Augen verliert. Manche würden vielleicht sogar ihr Leben für ihre Herde riskieren. In diesem Psalm wird diese schon so oft gehörte Aussage „Gott ist immer bei dir, egal wohin du gehst und was du tust" ganz neu verpackt. Gott bekommt ein Gesicht und wird durch die Figur des Hirten lebendig. Irgendwie eine greifbare Person. Ich kann mir Dinge immer besser vorstellen, wenn ich ein Bild im Kopf habe. So auch hier. Gott ist der Hirte, ich das Schaf, auch wenn ich dieses Bild ein bisschen kurios finde. Mit ihm bin ich sorglos. Er gibt mir alles, was ich brauche. Er begleitet mich, wohin ich auch gehe. Wir sind ein Team. Er gibt mir Orientierung und führt mich auf die richtige Spur. Und das Wichtigste: Er schenkt mir

> „Gott bekommt ein Gesicht und wird durch die Figur des Hirten lebendig. Irgendwie eine greifbare Person."

unendlich viel Liebe und Wertschätzung. Dieser Psalm sagt genau das aus, was ich im Glauben gefunden habe: Geborgenheit und die Gewissheit, dass da immer jemand ist. Ich kann andere jetzt besser verstehen, die für einen besonderen Anlass diesen Vers auswählen.

Friederike Carstens, Jahrgang 1997, arbeitet beim Kirchenkreis Hamburg-Ost in der Verwaltung, liebt kleine Überraschungen, die aus einem ganz normalen Tag etwas ganz Besonderes machen, und Zeit mit ihren Lieblingsmenschen.

Unterwegs mit guter Perspektive

PSALM 121

Sie hatten alles bei sich, was sie für ihre Rückreise brauchten. Es war nicht mehr als ein Stock und ein Bündel, was sie sich auf den Rücken binden würden. So waren sie gekommen und so traten sie wieder den Heimweg an. Einige waren in Sorge. Würden sie gut zu Hause ankommen? Unterwegs lauerten Gefahren in mancherlei Gestalt: wilde Tiere, Räuber, gefährliche Wege, auf denen man sich verletzen konnte. Die wildesten Geschichten hatten die Runde gemacht. Besonders die, die durchs Gebirge nach Hause reisen mussten, wünschten sich, die Reise wäre schon zu Ende und sie wären schon wieder in ihrem Dorf, in ihrer Stadt. So eine Wallfahrt war eben nicht ungefährlich. Ein Blick in die Runde der Gleichgesinnten verriet dazu noch eine besondere Spannung. Was sie verband, waren die wunderbaren Eindrücke ihrer Pilgerwallfahrt zum Tempel. Sie hatten Gottesdienste erlebt, die ihr Herz berührten. Ihre Schuld vor Gott war ihnen neu bewusst geworden und der Priester hatte ihnen Gottes Vergebung zugesprochen.

Ja, sie waren *sein* Volk. Man könnte fast sagen: wie Schafe auf der Weide eines Hirten. So hatten sie es ja auch gesungen. Diese Reise hatte sie verändert. Wie jedes Mal, wenn sie nach Jerusalem kamen. Es hatte gutgetan, anderen zu begegnen. Einige hatte man seit Jahren nicht mehr gesehen. Wie viele Geschichten hatten sie sich gegenseitig zu erzählen gehabt! Geschichten, die ihr Leben geschrieben hatte: von Erfolgen und Misserfolgen, von Liebe und Leidenschaft, von Enttäuschungen und dann doch wieder vom großen Glück. Nächtelang hatten sie am Feuer gesessen, einer nach dem anderen hatte seine Geschichte erzählt. Sie hatten miteinander über die großen und kleinen Wunder des Lebens gestaunt. Und dann waren da noch diese prachtvollen Gottesdienste, die sie hier gemeinsam erlebt hatten. Sie hatten ihnen verständlich gemacht: So ist unser Gott, der Herr Zebaoth. Er sorgt für uns. Bei ihm sind wir geborgen. Bei ihm finden wir Hilfe. Jeder hatte das Gefühl, sich dabei neu und intensiver kennen gelernt zu haben.

Endlich erschien der Priester an der Eingangstür des Tempels. Gleich würde er den Reisesegen sprechen. Es war wie in jedem Jahr. Ein unglaublich schöner und bewegender Moment. Im Wechsel würden sie ihn sprechen, wie es auch schon ihre Väter und Großväter gesprochen und geglaubt hatten. Niemand sollte ohne Segen sein. Da begann einer aus der Gruppe zu rufen: „Meine Augen sehen zu den Bergen. Von wo kommt mir Hilfe? Gott der Herr hilft mir, der Himmel und Erde geschaffen hat." Alle Augen richteten sich auf den Priester. Erhaben und voller Zuversicht für die Reisenden sprach der Priester den Reisesegen: „Dein Fuß wird festen Halt haben. Gott schläft nicht. Er ist bei dir und gibt auf dich Acht, der Hirte Israels. Gott behütet dich. Wie ein Schatten begleitet er dich. Weder Sonne noch Mond können dir Böses tun." Der Priester erhob die Arme: „Gott beschütze dich vor dem Bösen. Er bewahre dein Leben. Er beschütze das Ende und den Beginn deiner Wege. Heute und in Ewigkeit." Und dann setzte sich die Gruppe in Bewegung. Zu Hause wurden sie schon erwartet. „Nächstes Jahr in Jerusalem" – so lautete ein letzter Gruß an die, die eine andere Himmelsrichtung wählten. *Er* würde sie behüten – dessen waren sie sich sicher.

———•———

Der Glaube an das Gute

Gaby Sonnefeld

Im Juni 2006 bin ich mit diesem Psalm zum ersten Mal in Berührung gekommen. Wir waren 14 Frauen, die eine gemeinsame Freizeit in Südtirol machten. Jeden Morgen zogen wir einen kleinen Zettel, auf dem eine Zeile des Psalms 121 stand. Ich nahm an, dass sich alle Zeilen des Psalms in dem Säckchen befanden. Ich zog also: „Ich hebe meine Augen auf zu den Bergen. Woher kommt mir Hilfe?" Ich war begeistert, dass ich diese Zeile gezogen hatte! Sie passte so gut zu mir. Wenn ich vor einem Berg voller Sorgen stehe, schaue ich auch auf und suche das Gespräch mit Gott!

Später erfuhr ich, dass alle diese Zeile gezogen hatten. Zuerst war ich enttäuscht, aber dann musste ich selbst über meine Naivität lachen. Während dieser Zeit in Tirol habe ich viel über mich, mein Leben und meine Wünsche nachgedacht. Durch tiefe Gespräche sind mir Erlebnisse wieder in Erinnerung gerufen worden, die ich längst vergessen hatte. Ich habe mich neu und intensiver kennen gelernt. Mir ist bewusst geworden, wie wichtig der Glaube in meinem Leben ist – auch der Glaube an das Gute und dass ich niemals die Hoffnung aufgeben darf! Besonders im Rückblick auf mein Arbeitsleben ist mir aufgefallen, dass ich eine lange schwierige Zeit nur durch die Hoffnung auf das Gute durchstehen konnte. Von einem Erlebnis, welches mich über viele Jahre gefordert hat, möchte ich berichten.

Ich war bei einem privaten Träger als Erzieherin angestellt. Die Klientel wechselte stetig, und zum Schluss, nach 15 Jahren, arbeitete ich mit Mördern, Pädophilen und Borderlinern. Ich hatte mir dieses Fachgebiet nicht ausgesucht und merkte schnell, dass ich fachliche Hilfe benötigte. Ich besuchte Vorträge, belegte Kurse und informierte mich viel im Internet. Von einigen Kollegen bekam ich dafür nur ein müdes Lächeln, das später in Mobbing überging. Ich versuchte mit dieser Situation umzugehen. Aber als ich von einem geschätzten Kollegen einmal gefragt wurde, ob ich gläubig sei, verschlug es mir die Sprache. So eine Frage in der heutigen Zeit! Ist es schlimm, zu glauben? Ist es eine Krankheit? Ich antwortete ihm: „Ja! Aber Vorsicht … es ist ansteckend!" Diese Erlebnisse haben mich sehr beschäftigt. So wollte und konnte ich nicht mehr weiterarbeiten. Mir wurde klar: Ich wollte wieder in einer christlichen Einrichtung unter

Gleichgesinnten arbeiten! Aber wie sollte ich es umsetzen? Da wir als Familie mein Gehalt brauchten und die Arbeitszeiten in unseren Familienalltag und -anspruch passten, musste ich bleiben.

Ende 2007 bzw. Anfang 2008 stand ich jedoch vor einem Berg, der nicht zu erklimmen war! Krankheit, Tod und Mobbing machten mir das Leben schwer. Oft fragte ich mich, was Gott mir noch alles aufbürden würde – welche Prüfung musste ich noch bestehen? In meiner größten Verzweiflung vertraute ich mich einer guten Freundin an. Sie riet mir, unbedingt den Job zu wechseln. Aber wer wollte mich haben? Mit 50! Dann erfuhr ich, dass im

„Mir ist bewusst geworden, wie wichtig der Glaube in meinem Leben ist – auch der Glaube an das Gute und dass ich niemals die Hoffnung aufgeben darf!"

evangelischen Kindergarten eine Erzieherin gesucht wurde. Tiefe Dankbarkeit empfand ich bei der Zusage der Stelle. Der Glaube an das Gute in meinem Leben hatte sich gelohnt!

Nun ist mein Arbeitsleben bald vorbei, und wenn ich zurückblicke, sehe ich: Ich habe in den christlichen Einrichtungen ein Zuhause gehabt. Nicht nur im Arbeitsleben, auch im Alltag oder unter Freunden fällt des Öfteren der Satz: „Die Hoffnung stirbt zuletzt." Warum soll ich mir das Leben also unnötig schwer machen – es kann ja gut werden! Und bis dahin versuche ich, hoffnungsvoll durchs Leben zu gehen. Es gelingt nicht immer, zwischendurch muss ich mir auch Mut machen. Den hole ich mir durch Gespräche mit der Familie, guten Freunden oder kleinen Auszeiten am Meer. Manchmal hat auch ein VHS-Kurs über schwere Zeiten geholfen. Etwas Neues im Leben lenkt die Gedanken in andere Bahnen. In meinem Leben hat ein neues Kapitel angefangen – ich bin Oma geworden! Das habe ich mir lange gewünscht!

Gaby Sonnefeld, Jahrgang 1957, arbeitet als Erzieherin in einem evangelischen Kindergarten. Sie lebt mit ihrem Mann in einem kleinen Dorf Niedersachsen, liebt den Blick aufs Meer und genießt das Oma-Sein.

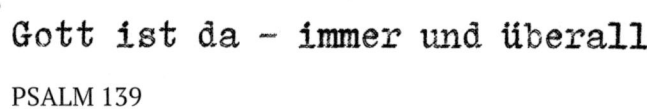

Gott ist da – immer und überall
PSALM 139

Die Nacht hatte ihm böse Träume geboten. Unruhig hatte er sich hin und her bewegt. Das war auch der Grund, warum er noch im Halbdunkel, bevor die Sonne aufging, unterwegs war. Niemand sollte ihn sehen und niemandem wollte er begegnen. Irgendwie fühlte sich David schuldig und dann auch wieder nicht. Die Anklagen der anderen wogen schwer. Doch er fühlte sich ungerecht beurteilt. Unruhig lief er hin und her. Am liebsten würde er fliehen, ganz weit weg. David sah einem Vogel nach, der sich in die Luft erhob und mit kräftigen Flügelschlägen immer weiter von ihm entfernte. Ja, genau so würde er jetzt auch gern verschwinden. Auf und davon. Der Vogel verschwand am Horizont. David fragte sich, wie seine Gegner dazu kamen, ihm diese Dinge zu unterstellen und ihn anzuklagen. Was hatte sie dazu gebracht, sich gegen ihn zu stellen und solche Unwahrheiten über ihn zu verbreiten? Irgendwo fand er einen ruhigen Fleck. Er setzte sich und grübelte. Gern hätte er mit jemandem geredet. Aber da war niemand. Er vergrub den Kopf in seinen Händen. Er fühlte sich von Gott und Mensch verlassen. Aber die Stille tat ihm gut. Er dachte an den letzten Gottesdienst. Zwei Dinge hatten ihn auf dem Weg nach Hause besonders begleitet. Sie erinnerten ihn an seine Heimat. Damals, bei seinem Vater Isai, hatte er es zum ersten Mal gehört, dass Gott jeden Menschen kennt und um das Schicksal jedes Menschen weiß. Hatte nicht auch der Prophet Samuel gesagt: „Der Mensch sieht was vor Augen ist, Gott aber sieht das Herz an." David dachte über Gott nach. Sein ganzes Leben verdankte er ihm, seinem Schöpfer. Gott war ihm manchmal so nah. Und je mehr er über Gott nachdachte, desto mehr beruhigte er sich. Wie oft hatte er schon Sinnbilder für Gott gesucht. Und wie gut hatte ihm das getan. Die Sonne ging langsam auf, als er mit Gott zu reden begann. Es waren Worte voller Vertrauen. Gott war ihm auf einmal ganz nah. Alles andere würde sich schon finden.

Weil du mich kennst, Herr, mein Gott,
ist dir mein Herz nicht verborgen.
Du kennst meinen Tag,
weißt, ob ich sitze oder stehe.
Du kennst meinen Weg,
auch wenn ich ihn nicht sehe.
Du hörst meine Worte,
auch wenn ich keine finde.

Du umgibst mich.
Deine Hand ist über mir.
Im Himmel bist du, sollte ich dort sein.
Bei den Toten bist du, sollte ich dort sein.
Das Ende der Welt kennst du
und würdest mich dort finden.
Deine Hand hält mich,
auch wenn ich mich vor dem Ende fürchte
und Angst habe zu fallen.

Du bist Licht im größten Dunkel,
das ich mir vorstellen kann.
Immer und überall bist du schon da.

Ich bin dir näher als du glaubst

Gunda Sievers

Vor einigen Jahren, als ich mal wieder auf einer Autobahn unterwegs war, tauchte ein überdimensionales Werbeschild am Horizont auf. Zuerst dachte ich: „Ein weißes Schild mit einem so zarten Schriftzug? Wer soll das denn so schnell entziffern?" Mein Blick war gefesselt, ich wollte unbedingt lesen, wer da wohl so zaghaft und fast unscheinbar auf sich aufmerksam machen wollte. Und tatsächlich gelang es mir, den Satz zu erfassen: „Ich bin dir näher als du glaubst. Gott."

Beeindruckt und nachdenklich gestimmt fuhr ich weiter. Ich dachte: „Jetzt ist es schon so weit, dass Werbeplakate für Gott aufgestellt werden, wo sonst große Möbelgeschäfte mit großen Plakatwänden an der

„Mir fielen auf einmal ganz viele Geschichten ein, die Gott mit mir und ich mit ihm erlebt habe. Zeiten, in denen ich im Nachhinein dachte: Gott hat mich nicht im Stich gelassen."

Autobahn alle Blicke auf sich ziehen. Hat Gott das nötig? Haben wir, die wir uns als sein ‚Bodenpersonal' bezeichnen, so etwas nötig?" Sogleich kam mir als „alte Pädagogin" die methodische Herangehensweise in den Sinn, die Kinder dort abzuholen, wo sie stehen. Diese Methode scheint durchaus übertragbar auf andere Personengruppen und andere Projekte zu sein. Also kam ich zu der Erkenntnis, dass es eine sehr gute Idee ist, mit diesem Werbebanner auf Gott aufmerksam zu machen. Noch einmal buchstabierte ich mir diesen Satz während meiner weiteren Fahrt: „Ich bin dir näher als du glaubst. Gott." – „Wie großartig ist das denn?", dachte ich. Gleichzeitig fühlte ich mich von Gott ertappt. War ich etwa gerade mit den Flügeln der Morgenröte unterwegs? Unterwegs zum anderen Ende des Meeres?

Sogleich brachte ich dieses Werbeplakat mit meinem Lieblingspsalm, Psalm 139, in Verbindung. Ich hatte noch

eine längere Autofahrt vor mir und somit viel Zeit zum Nachdenken. Zum Nachdenken über Gott, meine Beziehung zu ihm und seine Beziehung zu mir. Diese Beziehung hatte schon vor langer Zeit begonnen. Ich bin in einer Mehrgenerationenfamilie aufgewachsen. Mein Großvater hat mein Glaubensleben sehr geprägt – und somit auch meine ersten Eindrücke und Erfahrungen, wie Gott wohl sein könnte. Mein Eindruck war: Gott ist streng! Er sieht alles! All meine kleineren und größeren Missetaten. Aber dass Gott sich über mich freut, mir nachgeht und mich sucht – das habe ich erst später im Jugendalter erfahren.

Mir fielen auf einmal ganz viele Geschichten ein, die Gott mit mir und ich mit ihm erlebt habe. Zeiten, in denen ich im Nachhinein dachte: Gott hat mich nicht im Stich gelassen. Er war immer in meiner Nähe. Aber auch Momente, in denen ich nicht das bekommen habe, was ich mir doch so sehr gewünscht und wofür ich so gebetet hatte. Und dann gab es auch wieder Phasen, wo Gott für mich so ganz weit weg war. Vermutlich hatte ich mich von ihm entfernt. Doch auf ganz unterschiedliche Art und Weise verschafft sich Gott bei mir Aufmerksamkeit. Anscheinend brauche ich das. Sehr eindrucksvoll ist für mich in solchen Situationen deshalb der Psalm 139. Ich schwanke trotzdem, wie ich diesen besonderen Psalm finden soll: Mal ist er mir in seinen Aussagen zu hoch, es ist so unvorstellbar und auch beängstigend, dass Gott schon alles weiß. Dann wieder denke ich: Wie – über allemaßen – großartig ist das denn?! Du, Gott, willst mir nahe sein, auch wenn ich gerade mit den Flügeln der Morgenröte unterwegs bin. Es gibt keinen Ort, an dem du nicht mit mir sein willst, stets umschließt und hält mich deine Hand. Das übersteigt alles, was ich mir vorzustellen vermag ... aber es ist einfach wunderbar! Schon lange steht das Schild nicht mehr an der Autobahn. Aber immer, wenn ich an dieser Stelle vorbeifahre, denke ich daran, dass das stimmt, was dort geschrieben stand: „Ich bin dir näher als du glaubst.“

Gunda Sievers, Jahrgang 1959, ist eine „Landfrau“, die mit ihrem Mann und Freunden Galloway-Rinder züchtet, Kindern im Kindergarten Sozialverhalten und Demokratie beibringt, im Posaunenchor mit anderen musiziert und es liebt, im Sommerwind zwischen Getreidefeldern spazieren zu gehen.

Vom Ende der Ausweglosigkeit

1 KÖNIGE 19

Elia war kraftlos. Und nicht nur seine Kraft, auch sein Lebensmut waren verloren gegangen. Ohne Frage: Was hinter ihm lag, war aufreibend gewesen. Ein einziges Auf und Ab. Gott hatte vor ein paar Tagen Geschichte geschrieben. Dort, am Berg Karmel. Elia, den sie „Gottes Mann" und „Prophet" nannten, hatte am Ende gesiegt. Oder sollte er besser sagen: Gott hatte gesiegt. Niemand hatte das erwartet. Fünfhundert Priester des Gottes Baal waren gegen Elia angetreten. Laut, ekstatisch und verachtend hatten sie auf ihn, den Einzelgänger, heruntergesehen. Vernichtende Blicke, lautes, spottendes Gejohle hatten ihn begleitet, bis Gott vor allen anwesenden Menschen sein Wunder tat. Allein durch die Kraft des Gebetes hatte Elia ein Feuer entfacht.

Die Menschen, die das ganze Spektakel betrachtet hatten, fielen auf ihre Knie und lobten Gott. Das hatte Elia so gutgetan. Und spätestens, als Gott seine Bitte um Regen erhört hatte, den das Land nach langer Trockenheit so dringend benötigte, schien klar zu sein, wer Herr der Lage war: Er, der Gott Israels, dem sogar die Elemente gehorchten. Sieben Tage lang hatte es geregnet. Was für ein Segen! Und trotzdem fühlte Elia sich allein und verbraucht.

Zu allem Übel hatte Königin Isebel ihm eine Nachricht

gesandt, die ihn in Angst und Schrecken versetzte. Ihre Soldaten suchten nach ihm, sollten ihn aufgreifen. Isebel war wütend geworden, sie tobte: „Geht hin. Das wird er mir büßen. Ihm soll es nicht anders ergehen als jedem einzelnen meiner Priester." Denn Gott hatte die fünfhundert Baals-Priester auf dem Berg Karmel getötet. Nicht einer von ihnen hatte diesen Tag überlebt. Elia konnte nicht fassen, was er hörte: Er sollte mit seinem Leben dafür bezahlen. Die Flucht über die Berge nach Juda und der anschließende Irrweg durch die Wüste hatten Elia den Rest gegeben. Er hatte seinen Diener schon vor Stunden zurückgelassen. Allein war er weiter durch die Wüste geirrt.

Jetzt war Elia nur noch müde. Er legte sich unter einen Ginsterbusch und redete mit Gott: „Ich kann nicht mehr. Ich möchte nicht mehr leben. Herr, ich glaube, es ist besser, wenn ich sterbe. Bitte, lass es zu!" Dann sank Elia in einen tiefen, langen Schlaf. Man hätte meinen können, er sei tot. Als ihn jemand berührte, fuhr er aus dem Schlaf hoch. Er rieb sich die Augen. Wie lange hatte er geschlafen? Das wusste er nicht. Er sah einen Mann, der ihn freundlich einlud: „Steh auf und iss." Elia erblickte einen Laib Brot und einen Krug Wasser. Gierig aß und trank er und schlief erschöpft wieder ein. Doch nach einiger Zeit wurde er ein zweites Mal von dem Mann geweckt. „Elia, steh auf und iss. Der Weg, den du vor dir hast, ist weit. Du musst neue Kraft schöpfen." Elia aß und trank erneut und spürte, wie seine Lebenskraft zurückkam. Jetzt begriff er das Wunder dieses Augenblicks: Gott hatte ihn nicht allein gelassen. Er hatte ihm einen Engel geschickt. So war er, der Herr, der Gott Israels. Ihm würde er weiterdienen. Elia stand auf und ging weitere vierzig Tage durch die Wüste bis zum Berg Horeb.

Weg mit dem Ginsterbusch – her mit dem Leben

Sonja Dreyer

Im vollen Galopp plötzlich ausgebremst: Total gestresst und voller Angst um sein Leben, zieht Elia sich komplett zurück. Fühlt sich nutzlos, mutlos, nur noch müde. Er legt sich schlafen und möchte gar nicht mehr aufwachen. So ähnlich fühlte ich mich auch schon einmal. Nach mehreren schicksalhaften Ereignissen, die fast zeitgleich auf mich einstürzten, war ich von emotionalem Stress völlig überfordert. Auf einmal war nichts mehr in Ordnung. Vor Ratlosigkeit und Sorge erschöpft, hätte ich mir am liebsten für immer eine Decke über den Kopf gezogen.

> „Er hat mir Zeit verschafft zum Ausruhen und zur rechten Zeit seine Boten und Botschaften geschickt. Manchmal in Form meiner Lieblingsmenschen und manchmal ganz unverhofft und überraschend."

Ich wollte nicht mehr stark und gefühlt für alles zuständig sein, nichts mehr hören und sehen. Endlich Ruhe finden, besonders im Kopf. Und bitte wieder schlafen können. Aber dann die Erfahrung, wie Gott mir voller Liebe zeigt, dass er, wie bei Elia, mitgeht unter den Ginsterbusch. Dass er mich immer im Blick hat – auch mit der Decke über dem Kopf. Mich immer im Herzen trägt, auch wenn ich mich noch so klein und hilflos fühle – oder dann vielleicht sogar ganz besonders. Er hat mir Zeit verschafft zum Ausruhen und zur rechten Zeit seine Boten und Botschaften

geschickt. Manchmal in Form meiner Lieblingsmenschen und manchmal ganz unverhofft und überraschend.

Ich durfte spüren, wie sie mich aufwecken, mir beistehen, mich mit Lebens-Not-Wendigem versorgen, mich ermutigen und manchmal auch anschubsen. So lange bis ich wieder aufstehen kann. Und wie Gott mich dann ganz geduldig und liebevoll herausführt, mir zeigt, welches Land ich getrost zurücklassen darf, mit mir Grenzen überschreitet und den ganzen Weg mit mir geht – Schritt für Schritt. Ich muss nicht stark sein, weil Gott die Stärke ist. Ich muss mich nicht sorgen, muss nicht kämpfen, nützlich sein, weil er für mich (und auch für meine Lieben) sorgt und kämpft. Und mich liebt! Ganz und gar! Bedingungs- und grenzenlos! Und das völlig unverdient! Was für ein Segen! Daran will ich mich festhalten. Also weg mit der Decke und dem Ginsterbusch – her mit dem Leben!

Sonja Dreyer, geboren 1967 in Stadthagen, lebt seit 1992 der Liebe wegen in Klein Meckelsen und arbeitet als Physiotherapeutin und Dozentin. Sie liebt Geschichten und Geschenke (machen), Gemeinschaft und gute Gespräche, Gewässer und Gebirge, Lesen, Lachen, Tanzen und am allermeisten ihre drei Männer und die ganze Herzensfamilie.

Zwischen Angst und Hoffnung

JESAJA 1–11

Im Palast würde es sicher viel zu sehen geben … Deshalb freute sich Schear-Jaschub auf einen Ausflug dorthin mit seinem Vater Jesaja. Der Palast gehörte König Ahas. „Schear-Jaschub", was für ein ungewöhnlicher Name. Er bedeutete: „Ein Rest kehrt um". Und durch diesen Namen, der Gericht und Heil in sich vereinte, wollte Jesaja Ahas eine Botschaft senden. Nur deshalb nahm er seinen Sohn mit. Die Zeiten waren rau und kriegerisch. Die Assyrer hatten schon das Nordreich überrollt. Es hatte viele Tote gegeben. Und König Ahas wusste: Wenn er nicht bald einen Pakt mit den Assyrern schließen würde, drohte Juda – so nannte man das Südreich – mit der Hauptstadt Jerusalem ein ähnliches Schicksal. Seine politischen Berater rieten ihn zu diesem Pakt. Er sollte Juda vor dem sicheren Untergang bewahren. Jesajas Botschaft von Gott war anders.

Seit Gott ihn berufen hatte, war Jesajas Leben unbequemer geworden. Er sollte die Wahrheit verkündigen. Gottes Wahrheit und Gottes Sicht der Dinge. Gegen soziale Ungerechtigkeit, gegen Ausbeutung, Missachtung und Misstrauen. Gegen falsche Sicherheit. Das war sein Auftrag. Die Bewohner Israels fühlten sich zu sicher. Die Aussicht auf einen Pakt mit den Assyrern schien schlimmes Unheil abzuwenden. Aber von einer sichereren Situation konnte keine Rede sein. Jesaja wusste das. Gott hatte es ihm gesagt. Und so predigte er, mahnte, unterbrach, warb um Vertrauen und erntete ununterbrochen Widerstand und Spott. Da gab es niemanden, der umkehrte, nur weil Jesaja von Gottes Gericht sprach. Da gab es auch keine Erschütterung, weder im Volk noch im Königshaus, wenn er ihnen den Bundesbruch vor die Füße schmetterte und Gottes Urteil verkündete. Sie wussten einfach alles besser.

Jesaja stand mit Schear-Jaschub vor Ahas. Er achtete darauf, dass sich seine Stimme nicht überschlug – immerhin sprach er mit dem König. Aber mehr als dem König musste er Gott gehorchen. „Ahas, im Namen Gottes, hüte dich vor einer Verbindung mit den Assyrern! Vertrau auf Gott! Er ist doch über Jahrhunderte unser Verbündeter gewesen. Immer war er an unserer Seite und hat uns nicht enttäuscht. Gott allein kann Frieden schaffen." Ahas drehte sich um. Mit verschränkten Armen sah er erst Jesaja und dann Schear-Jaschub an. „Wie heißt das Kind? Warum bringst du es mit hierher?" Jesaja antwortete mutig und hoffnungsvoll: „Er heißt Schear-Jaschub, das bedeutet: ‚Ein Rest kehrt um'. Ahas, das ist Gottes Botschaft an dich. Wir werden es schaffen, wenn wir uns nicht auf andere, sondern auf Gott und seine Kraft verlassen. Ich rate dir, König, erbitte dir ein Zeichen von Gott. Er wird es dir geben. Frag ihn allein, wie es weitergehen soll."

Der König beugte sich erst vor, dann zurück und dann wieder vor. Er blickte Jesaja an: „Warum sollte ich Gott herausfordern? Das mache ich nicht – und das entspricht auch nicht den Gepflogenheiten des Königshauses. Und ehrlich – Jesaja: Was soll das für ein Zeichen sein, das Gott mir geben könnte?" „Ich kenne das Zeichen", sagte Jesaja. „Gott hat es mich wissen lassen: Eine junge Frau wird schwanger. Sie wird einen Sohn auf die Welt bringen. Er soll Immanuel heißen. Das bedeutet: ‚Gott mit uns'." Der König lachte: „Das ist nicht dein Ernst, Jesaja. Davon gibt es viele. Nein, das ist nicht meine Art, die Zeitgeschichte zu regeln." Jesaja fehlten die Worte. Wortlos verließ er den Palast. Wenn Ahas ihm nur vertrauen würde! Wenn er Gott nur mehr vertrauen würde! Dann hätte er vielleicht begriffen, dass in dem Namen „Immanuel" so viel mehr steckte: Hoffnung! Und was für eine Aussicht: Begleitung in den dunkelsten Stunden.

Er sah seinen Sohn an, der ängstlich seine kleine Hand in die seine gesteckt hatte. „Schear-Jaschub" – ein Rest kehrt um. Er, Jesaja, wollte nicht aufhören, daran zu glauben. Gott würde seinem Volk die Treue halten, egal was die Zukunft brachte. Sie ließen den Palast hinter sich. Noch waren die Assyrer weit entfernt – aber es würde nicht mehr lange dauern. Ein Friedensreich hatte Gott ihn sehen lassen. Alle Völker würden kommen. Sie würden nach Jerusalem ziehen und Gott auf dem Berg Zion anbeten. So würde es am Ende sein. Darauf wollte er hoffen. Dafür wollte er weiter werben. Er würde kein Blatt vor den Mund nehmen, sondern stören und rufen, zur Umkehr und zum Vertrauen zu Gott einladen. Jesaja wusste, dass Gott noch lange nicht am Ende war.

Ein Wechselbad von Zorn und Liebe

Annette Odendahl

Ich hatte lange nicht mehr intensiv in der Bibel gelesen. Nun hatte ich einen konkreten Anlass – das Thema der theologischen Prüfung im Rahmen der C-Kirchenmusik-Prüfung lautete: Prophetie. Anhand von Sekundärliteratur orientierte ich mich zunächst allgemein zu diesem Thema. Dann begann ich, in dem ersten und größten Prophetenbuch der Bibel zu lesen, dem Buch Jesaja. Mich fesselten die Worte Jesajas vom ersten Kapitel an.

Mich beeindruckte sein Mut, vor seine Mitmenschen zu treten und ihnen in äußerst drastischen Worten ihr Fehlverhalten vorzuhalten und ihnen in reich ausgestalteten Bildern Gottes Gericht anzukündigen. War es nicht gefährlich, die Menschen so zu kritisieren und zu ängstigen? Es muss Jesajas Vertrauen auf Gott gewesen sein, das ihm dazu die nötige Stärke gab.

Je mehr ich las, desto häufiger stellten sich bei mir Gedanken ein, die die Situation der Menschen damals mit der unsrigen heute verglichen: Sowohl unser Verhalten gegenüber Gott und seinen Gesetzen als auch unser Verhalten gegenüber unseren Mitmenschen unterscheidet sich kaum von dem der Menschen damals, dachte ich. Auch die Situation vieler Völker in unserer heutigen Welt erinnerte an die verzweifelte Lage des Volkes Israel, aber auch die der anderen Völker zu Jesajas Zeit. Wir hatten damals gerade Familien bei uns im Dorf gehabt, die aus dem zerfallenden Jugoslawien flüchten mussten, wo ein

Krieg den anderen ablöste. Und heute sind es Länder wie Syrien, Afghanistan und der Irak, um nur einige zu nennen, deren Bevölkerung sich auf den äußerst gefahrvollen Weg zu uns machen muss, um sich vor Krieg und Verfolgung zu retten. Wie wunderbar und erlösend klingt da Jesajas Ankündigung einer friedvollen Welt (Jesaja 2,4)!

Aber wann und wodurch soll es nur zu so einer unglaublichen Veränderung in der Welt kommen? Diesen „Himmel auf Erden" können wir uns heute genauso wenig vorstellen wie die Menschen damals. Dass die Schriften der Bibel immer wieder so aktuell sind, erstaunte und beeindruckte mich aufs Neue. Die Ursachen für all das Elend der unterdrückten und hilflosen Menschen schienen mir damals wie heute die gleichen zu sein: Korruption, Eitelkeit, Hochmut, Streben nach Reichtum und Macht.

„Mich fesselten die Worte Jesajas vom ersten Kapitel an. Mich beeindruckte sein Mut..."

Es ist schon in den ersten Sätzen Jesajas zu spüren, wie sehr Gott an seinem Volk, an dessen Abtrünnigkeit und sündigem Verhalten litt. Ist es nicht auch an uns heute, uns noch viel intensiver für Gerechtigkeit und Frieden unter uns Menschen einzusetzen? Und sei es nur in unserem engeren Umfeld. Natürlich erfordert das Kraft und Mut, doch auf Gottes Hilfe dabei können wir immer vertrauen!

So legte es auch Jesaja damals Ahas, dem König von Juda, nahe (Jesaja 7,4). Auf Gott zu zählen, sich in schwierigen Situationen auf ihn zu verlassen, Menschen und von Menschen hervorgerufene Konflikte nicht zu fürchten: Das ist Jesajas eigentliche Botschaft, denke ich. Verbunden ist damit die Ehrfurcht gegenüber Gott, die fordert, nach seinen Gesetzen zu leben. Ein sehr hoher Anspruch, dem die meisten Menschen damals und auch heute wohl nur bedingt gerecht werden können, wenn überhaupt.

Dietrich Bonhoeffer war solch ein Mensch, der im Glauben an Gottes Stärke und Liebe seinen Weg ging. Er hätte sich 1939 nach Amerika vor dem Naziregime retten

können. Er kam aber zurück, um sich am Widerstand gegen Hitler zu beteiligen und seinen Mitkämpfern als geistliche Stütze zu dienen. Er wusste während seiner darauffolgenden Gefangenschaft, dass er diesen Schritt mit dem Leben bezahlen musste und fühlte sich dennoch bei Gott geborgen. Solche Stärke und solches Gottvertrauen bringen wohl nur wenige Menschen auf. Auch bei Ahab ist davon nicht viel zu spüren: Er widersetzt sich Jesajas Rat. Und so kommt Gottes Gericht über die Völker, die nun „im Finstern wandeln". Doch das ist nicht das Ende. In die Finsternis strahlt ein neues, ein großes Licht, ein neues Leben. Gottes Liebe zu seinen Menschen, sei-

ne Sehnsucht nach seinem Volk lässt ihn selbst in die Welt kommen. Er will Gerechtigkeit und Frieden bringen.

Das ganze Buch des Propheten Jesaja ist geprägt von einem ständigen Wechsel: zwischen Gottes Zorn über die Sünden der Menschen und seiner Liebe zu ihnen. Trotz all ihrer Fehler ist er immer wieder bereit, ihnen zu vergeben (Jesaja 1,18). Diese Liebe Gottes zu seinen Menschen, die in den weiteren Kapiteln des Buches Jesajas immer mehr Raum einnimmt und in den herrlichsten Bildern und Ankündigungen veranschaulicht wird, war für mich damals und ist noch heute überaus beeindruckend und berührend. Die 6. Strophe des Liedes „Nun jauchzt dem Herren alle Welt" (Evangelisches Gesangbuch) drückt dies besonders schön aus: „Er ist voll Güt und Freundlichkeit, voll Lieb und Treu zu jeder Zeit. Sein Gnad währt immer, dort und hier und seine Wahrheit für und für." [6]

Annette Odendahl, Jahrgang 1949, ist verheiratet und hat drei Töchter, vier Enkelsöhne und vier Enkeltöchter. Sie kann sich für alles in der Natur, Wanderungen - mit ihrem Hund - in den Alpen und für Musik fast jeder Stilrichtung begeistern. Sie orgelt und flötet – das auch sehr gern mit Kindern und ab und zu sonntags bei den Friedensklängen im Bremer Rembertitunnel.

Gottes Liebe findet einen Weg

HOSEA 1; 2,16

Bevor Hosea an diesem Abend schlafen ging, blickte er noch einmal auf seine schlafenden Kinder. Was hatte Gott nicht alles von ihm verlangt! Er hatte eine stadtbekannte Prostituierte heiraten müssen – und dann auch noch Kinder mit ihr bekommen. Warum? Niemand tat so etwas! Eher trennte man sich von einer solchen Frau. Aber – und das war Hosea wichtig: Gott wollte es so. Ein Zeichen sollte es sein. Alle sollten es sehen. Und alle, die genau hinsahen, sollten verstehen, was Gott ihnen damit sagen wollte.

Denn niemand wollte wahrhaben, wie schlimm es um die Beziehung zwischen Gott und seinem Volk stand. Sie hing an einem seidenen Faden. Dieses reißfeste Band, der Bund zwischen Gott und Israel war in die Jahre gekommen. Und das Problem lag nicht auf Gottes Seite. Er liebte sein Volk, wie ein Mann seine Frau liebt. Die Botschaft war eindeutig: „Seht her, Menschen im Nordreich, ihr gefährdet unsere Liebe. Wie eine Frau, die von einem Mann zum anderen geht. Wie eine Hure, die ihre Stirn mit dem Schmuck eines anderen schmückt, so seid ihr. Ihr grenzt euch nicht ab vom Götzenkult. Ja, viel schlimmer ist es – ihr bietet euch an. Ihr sucht euch heraus, was euch zum Leben hilft, aber ihr sucht es nicht bei mir, eurem Gott. Ihr verlasst mich. Den, der euch aus Liebe gerettet hat, tauscht ihr ein gegen neue Götter."

Hosea wusste jedoch nicht, ob das überhaupt jemand seiner Zeitgenossen verstand. Wie sollte das auch ein Mensch verstehen? Seine Freunde hatten die Nase gerümpft. Einer sagte: „Man kann es auch übertreiben!" Und trotzdem hatte Hosea es getan. Eine Frau geheiratet, die es mit der Treue nicht so hielt. Weil Gott es so von ihm wollte. Und dann kamen die Kinder. Das war ein Kapitel für sich. Gott selbst hatte ihre Namen bestimmt. Und ihre Namen waren Programm – Gottes Programm: Hoseas erster Sohn hieß „Jesreel", in Erinnerung daran, dass Israel untergehen würde. Seine Tochter hieß „Lo-Ruhama", denn Gott würde sich nicht mehr über sein Volk erbarmen. Und als ob das nicht genug wäre, wurde noch ein drittes Kind geboren. Ein Sohn mit dem Namen „Lo-Ammi" – „nicht mein Volk".

Hosea rieb sich nachdenklich die Stirn. Dass die Familie und die Nachbarn redeten, war eine Sache. Aber dass Gott durch die Untreue des Volkes so vergessen und verletzt worden war, eine andere. Es fing schon bei den Gottesdiensten an. Diese waren zu perfekten Schauspielen geworden und hatten sich weit von ihrem eigentlichen Sinn entfernt: Gott allein die Ehre zu geben, andere seine Nähe spüren zu lassen, einander Trost und Hilfe zu sein. Wieder sah Hosea auf seine Kinder. „Hurenkinder" wurden sie genannt. Es zerriss ihm fast das Herz. „Wie lange noch, mein Gott? Wie lange?" Mit diesen Worten legte er sich schlafen. Würde Gott so weit gehen? Würde er, der Retter und Segensspender wirklich ohne Erbarmen sein?

Würde er tatsächlich zusehen, wie sein Volk in sein Unglück rennt?

Die Matte neben ihm war leer. Seine Frau hatte sich wieder einmal ein anderes Nachtlager gesucht. Sie war oft bei anderen Männern. Immer wieder hatte es deswegen Streit gegeben. Er konnte sie nicht verstehen. An manchen Tagen hätte er sie am liebsten weggeschickt. Aber das brachte er nicht übers Herz. Trotz allem liebte er sie. Er fragte sich auch an diesem Abend wieder, wie er sie für sich gewinnen konnte, sodass sie die anderen Männer nicht mehr brauchte. Er würde sich etwas einfallen lassen. Etwas, das ihr seine ganze Liebe zeigte. Er würde sie umwerben. Noch einmal mit ihr reden. Vielleicht gleich morgen. Das konnte doch nicht das Ende sein! In seinem Kopf reifte eine Idee heran – und schon war er eingeschlafen.

Wie Gott mir zu Herzen redete

Elke Hannemann

Die Aufregung war groß. Es ging auf Jugendmitarbeiter-Freizeit in ein einsames Bergdorf in der Schweiz. Mit 28 anderen jungen Leuten machten wir uns auf den Weg. Unter ihnen war auch meine erste große Liebe. Zehn Monate waren wir schon zusammen und ich schmolz nur so dahin. „Dass ihr aber nicht immer nur zusammen-hängt! Sonst könnt ihr nicht beide mit." – „Nein, ist schon klar. Wir geben uns Mühe." Die Umgebung war umwerfend. Ein abgeschiedenes uriges Dörfchen, eigentlich über eine kleine Seilbahn zu erreichen. Nach einem Unwetter war aber der Strom ausgefallen und wir stiegen drei Stunden zu Fuß auf etwa 900 Meter Höhe.

Nach den ersten Tagen und Erkundungen der Umgebung entdeckte mein Liebster eine kleine Badestelle an einem Gebirgsbach, etwa eine Viertelstunde den Hang hinauf. Da wir ein dichtes Programm hatten, blieben für eigene Unternehmungen nicht viel Zeit. „Wer kommt morgen früh um 7 Uhr mit?" fragte er. Um die Uhrzeit – und dann auch noch ins eiskalte Wasser? Dazu konnte

> „Es ist eine Erfahrung, die mich bis heute trägt, obwohl diese Geschichte schon vierzig Jahre alt ist. Gottes Liebe fand einen Weg in mein Herz."

ich mich nicht aufraffen. Und schließlich sollten wir ja auch nicht immer zusammenhängen. Den anderen ging es ähnlich, außer Ulrike – sie wollte mit und blieb auch die einzige, die sich jeden Morgen mit ihm auf den Weg machte. Es war offensichtlich, dass sich die beiden dabei näherkamen. Für mich brach eine Welt zusammen. Mein Magen verknotete sich. Ich konnte nichts mehr essen, war wütend und verletzt. Wie es mir ging, offenbarten meine Gedanken. Bei gemeinsamen Wanderungen mit der

Gruppe kamen wir auch auf Wege an Steilhängen. Hier konnte man leicht ausrutschen und in die Tiefe fallen. Ob man dabei auch etwas nachhelfen könnte? Mit einem kleinen Schubser? Mordgedanken.

Zum Abschluss der Freizeit sollte es einen stillen Tag und am Abend einen Abendmahlsgottesdienst geben. „Einen ganzen Tag in einer sehr stillen Umgebung mit mir und meinen Mordgedanken allein?" – ging es mir durch den Kopf. „Und dann Abendmahl feiern, als sei nichts gewesen?" So konnte ich nicht vor Gott kommen! Doch dann ist das Wunderbare passiert. Es ist eine Erfahrung, die mich bis heute trägt, obwohl diese Geschichte schon vierzig Jahre alt ist. Gottes Liebe fand einen Weg in mein Herz. Ich hatte plötzlich das Gefühl, als hätte Gott das alles für mich eingefädelt. Die Menschen, die mitgekom-

men waren, die schöne Umgebung, die ganze Freizeit … alles nur meinetwegen. Damit Gott mal in Ruhe mit mir sprechen konnte. Mir sagen konnte, wie sehr er mich liebt, ohne dass ich mit anderen Dingen beschäftigt bin.

„Siehe ich will sie locken und in die Wüste führen und ihr zu Herzen reden" (Hosea 2,16). Dieses Wort hat mich tief getroffen. Es stand auf einer Postkarte mit einem Bild: ein dürrer schwarzer Zweig mit einer großen gelben Blüte inmitten von blauen Eisblumen. – Gott lässt etwas aufblühen, obwohl die äußeren Umstände dagegensprechen. Auch bei mir: Er hat mich von meinen Mordgedanken befreit. Und auf einmal konnte ich die beiden, auf die ich gerade noch so wütend war, mit anderen Augen sehen. Meine Wut war verflogen.

Elke Hannemann, Jahrgang 1960, lebt mit ihrem Mann in Sittensen und hat drei erwachsene Kinder. Sie tanzt gern und mag ihren Garten.

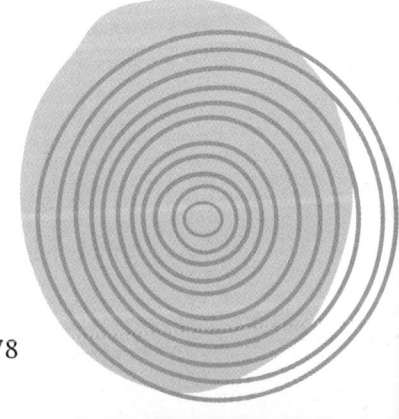

Eine Frage der Zeit
PREDIGER 3

Die Mittagssonne war heiß. Sie brannte vom Himmel, sodass kaum eine Möglichkeit bestand, einen klaren Gedanken zu fassen. Doch ihn ließ die eine Frage seit Tagen nicht mehr los. Alt war er geworden. Manche Leute sagten sogar, er sei weise. Die nicht immer einfachen Jahre standen ihm jedenfalls ins Gesicht geschrieben. Und nun, wo er das Gefühl hatte, den größten Teil seines Lebens gelebt zu haben, kam immer wieder die Frage auf: Wofür hatte er eigentlich gelebt?

So vieles hatte er erlebt. Krieg und Frieden. Freude und Leid. Gott hatte ihn mit den guten Dingen gesegnet, ihn aber auch schlechte Dinge erleben lassen. Er war sich sicher, dass all diese Dinge notwendig gewesen waren. Nun, wo er auf sein Leben zurückschaute und viele Menschen ihn um Rat fragten, wurde er sich über eine Sache klar: was wirklich wichtig war. Und er wünschte sich für die Menschen, dass sie dies erkennen würden: Egal wie viel Zeit auch verstreichen mag, ein jegliches hat seine Zeit, auch wenn die Menschen nicht zu begreifen vermögen, warum das so ist. Gott hat seine eigene Zeitrechnung – und wir haben die Aufgabe, ihm volles Vertrauen zu schenken. Vertrauen darauf, dass er sie gut für uns einteilt.

Ihm huschte ein Lächeln übers Gesicht. In diesem Mo-

79

ment kam seine Frau zu ihm, schaute ihn mit ihren liebenden Augen an, so wie sie es immer tat, und sagte: „Du siehst aus, als hätte Gott dir gerade eine wichtige Botschaft ins Ohr geflüstert. Teilst du sie mit mir?" Er lächelte und sagte: „Alles was auf dieser Erde passiert, hat eine bestimmte Zeit zugewiesen bekommen. Zum Beispiel Kinder auf die Welt bringen und diese Welt wieder verlassen. Ein Beet anpflanzen und es wieder abreißen. Verletzen und das Heilen der Wunden. Tränen, die fließen, aber auch das Lachen. Sich ärgern über bestimmte Dinge, aber auch Feste feiern wegen der schönen Dinge. Menschen ins Herz schließen, aber auch lernen, sie gehen zu lassen, wenn es an der Zeit ist. Dinge verlieren und Dinge wiederfinden. Dinge sammeln und Dinge aussortieren. Einfach mal nichts sagen und die eigene Stimme erheben. Streit und Versöhnung. Warum arbeiten wir also Tag für Tag? Gott hat uns große Dinge aufgetragen. Und für all diese Dinge hat er schon eine bestimmte Zeit eingeplant. Und eines unserer größten Themen ist die Frage nach dem Sinn des Lebens. Aber wir müssen einsehen, dass wir Gottes Pläne niemals ganz durchdringen werden. Es bleibt uns also nur eins: mit Freude durchs Leben gehen." Sie lächelte, legte ihre Hand auf seine Schulter und sagte: „Vielleicht stimmt es, was die Leute reden und Gott hat dir die Weisheit geschenkt."

Alles hat seine Zeit:
Zweifeln, Fragen und Verstehen

Wimke Keil

Aufgewachsen in einem kleinen Ort. Mit einem großen Bruder, fürsorglichen Eltern, viel Zeit an der frischen Luft, guten Beziehungen, tollen Freizeitaktivitäten und genügend Raum zum Ausleben. Zusammengefasst würde man wahrscheinlich sagen: Ich hatte eine sehr behütete Kindheit. Weit weg von Leid, Schicksalsschlägen und sonstigen Dingen, die manchen Kindern leider schon früh begegnen. Unbeschwert und frei. Mit Eltern, die mir Wurzeln und Flügel gegeben haben, damit ich sicher und hoch fliegen kann. Meine Zeit im Kindergarten und in der Grundschule war toll. Auf der weiterführenden Schule stellte sich heraus, dass das Gymnasium nicht die richtige Wahl für mich war. In der Oberstufe fiel die Entscheidung, dass die Fachhochschulreife für mich und meine Zukunftspläne viel besser ist.

In dieser Zeit begann auch mein Konfirmandenunterricht. Ich hatte das Glück, auf einen unglaublich engagierten und wertschätzenden Pfarrer zu treffen, in einem Haus direkt neben dem Jugendhaus des CVJM. Deswegen traf ich auch schnell den Hauptamtlichen des CVJM – und er mich mit seinen Ideen und Projekten mitten ins Herz. Nach meiner ersten Sommerfreizeit, ein Geschenk zur Konfirmation, war mein Herz an den CVJM verloren gegangen. Und schnell war für mich klar: Das möchte ich später auch! Leider verlor ich den Anschluss in der Schu-

81

le, sodass ich später die Klasse wiederholen musste. Statt anschließend erneut zu versuchen, mein Abitur zu machen, entschied mich für den Weg der Fachhochschulreife mit dem Schwerpunkt Sozialwesen.

Ich wusste eh, was ich wollte: Hauptamtliche im CVJM werden. Jugendliche mit meinen Ideen und Projekten mitten ins Herz treffen, so wie mein Hauptamtlicher es bei mir tat. Doch in der Zeit wurde mein Herz gebrochen. Meine erste große Liebe zerfloss. Eine schwere Zeit voller Fragen und Schmerzen brach bei mir an. Doch auch dann habe ich wieder einmal erlebt, dass mich die christliche Gemeinschaft trägt. Sowohl in Zeiten, in denen ich kaum auszuhalten bin, aber auch in Zeiten, in denen ich die Welt umarmen könnte. In der Zeit des gebrochenen Herzens lernte ich einen jungen Mann kennen. Einen Christen mit offenem Herzen und offenen Ohren, mit Pflastern für die Risse meiner Seele, aber auch mit einer

Ehrlichkeit, die mich bis heute berührt. Wir näherten uns an, wurden enger miteinander, trennten uns, stritten uns lange, viel zu lange, und fanden wieder zueinander zurück. Ein Mensch, bei dem ich das erste Mal erfuhr, wie bedingungslose Liebe aussehen könnte, was es bedeutet, Fehler haben zu dürfen, sich zu streiten und dennoch zu lieben. Ein Mensch, den ich heute meinen Partner, Wegbegleiter und besten Freund nennen darf.

Nach der Schule folgte das Freiwillige Soziale Jahr im CVJM – voller toller Projekte, Eindrücke und Begegnungen. Aber auch voller Zweifel: Will ich wirklich Hauptamtliche werden? Will Gott mich wirklich in seinen Dienst berufen? Soll ich wirklich an die Ausbildungsstätte gehen, die ich für mich immer als genau die richtige empfunden habe? Inmitten dieser Zweifel und Fragen tauchte ein Freund auf: einer dieser Freunde, die immer für einen da sind, auch wenn man sich Jahre nicht gesehen hat. Einer dieser Freunde, der die Melodie deines Herzens kennt. Und er traf mich ins Herz mit nur einem Satz, den ich nie wieder vergessen werde: „Du hast noch nie auf deinen Verstand gehört. Fang nicht jetzt damit an." Und ich ging los an die Ausbildungsstätte, die ich ausgesucht hatte. Und auch hier traf ich wieder auf wundervolle Menschen. Allerdings traf ich nicht nur auf wundervolle Menschen, sondern wieder einmal auf Zweifel und Fragen, die mir ständig durch den Kopf rauschten: Fragen danach, ob es einen Gott gibt – und wenn ja, woran ich das erkenne. Fragen danach, ob ich stark genug glaube, wenn ich nicht jeden Tag vor dem

Frühstück eine „Stille Zeit" einlege. Fragen danach, ob ich zu blöd zum Studieren bin, weil mir die Dinge so schwerfielen. Fragen danach, wie ich auf andere wirke, weil irgendwie alle ständig mit neuen Menschen zusammen waren, nur ich nicht.

So viele Fragen – scheinbar war ich die einzige, die all diese Fragen mit sich herumtrug. War ich hier richtig? Sollte ich hier sein? So falsch hatte ich mich schon lange nicht mehr irgendwo gefühlt. Ich hatte Angst, den Dozenten Fragen zu stellen, aus der Furcht heraus, ich wäre zu doof, sie zu verstehen. Oder aus Angst, dass sie mir sagen würden, ich sei falsch in dem Berufsfeld, das ich mir ausgesucht hatte. Mit der Zeit rückten die Fragen in den Hintergrund, es wurden neue Freundschaften geknüpft. Wundervolle Beziehungen entstanden und ein Hauskreis mit jungen Frauen, in dem man sich über Fragen, Sorgen und Gedanken austauschte. Ein Ort, an dem Tränen fließen konnten, an dem gemeinsam gelacht und diskutiert wurde. Ein Ort an dem mir ein Bibeltext begegnete, der mir bekannt war, aber plötzlich doch alles in ein neues Licht rückte: „Alles hat seine Zeit", heißt es dort. Mit Zeit kannte ich mich aus. Ich organisiere gern, takte gern alles durch, gestalte meinen Kalender, habe den Überblick. Mit Zeit kann ich umgehen!

Laut diesem Text hat alles seine Zeit. Lachen und Weinen. Krieg und Frieden. Suchen und Finden. Lieben und Hassen. Eben alles. Und die Gespräche begannen, was in unserem Leben welche Zeit bekommt und ob wir bereit sind,

Dingen Raum zu geben. Wo wir den fröhlichen Dingen sofort zustimmen konnten, da fiel das bei den schwermütigen Themen nicht so leicht. Schließlich möchte ich in meinem Leben wenig Leid erfahren – und auch Hassen gehört nicht zu den Dingen, die ich gern für mein Leben übernehmen möchte.

Doch der Austausch ging weiter und wir schauten in unser Leben: wo wir Leid erfahren haben, wo wir Suchen aushalten mussten und wo es manchmal lange dau-

> „Ich hatte gelernt, darauf zu vertrauen, dass Gottes Zeitplanung die richtige ist, auch wenn mein Kalender etwas anderes dazu zu sagen hat."

erte, bis wir etwas gefunden hatten, wenn wir es überhaupt schon gefunden hatten.

Wir tauschten uns aus über Zweifel und Fragen und stellten plötzlich fest, wie unwohl wir uns alle in der ersten Zeit unseres Studiums gefühlt hatten. Wie die Fragen uns verrückt gemacht hatten. Oder wir das Gefühl hatten, dass niemand da ist, der uns Antworten geben kann. Wir tauschten uns aus über die Momente, in denen wir zu Hause waren und dachten: Alle unternehmen gerade etwas miteinander, nur ich bin nicht dabei! Wir tauschten uns aus über das Gefühl, völlig falsch an diesem Ort zu sein und lachten und staunten zugleich darüber, dass wir nie mit jemandem darüber gesprochen hatten. Dabei waren wir alle nicht auf den Mund gefallen. Doch offensichtlich war die Angst zu groß, dass es nur einem selbst so gehen könnte und alle anderen diese Gefühle und Fragen nicht nachvollziehen könnten.

An einem Abend mit anderen Frauen änderte sich etwas in meinem Leben. Ich machte es mir zur Aufgabe, offen mit meinen Gefühlen und Ängsten umzugehen. Ich beschloss, mit offenen Augen durch die Welt zu gehen, um andere zu sehen, die das Gefühl haben, mit etwas allein zu sein. Ich schaute zurück auf die Dinge, die ich erlebt hatte und stellte fest: Erst musste ich bestimmte Begegnungen haben, damit nächste folgen konnten; ich musste bestimmte Beziehungen verlieren, damit nächste daran anschließen konnten. Ich stellte auch fest, dass ich keine dummen Fragen habe, sondern die Dinge vielmehr reflektiert betrachte. Anstelle von Dummheit kann ich vielleicht sogar von einer Begabung sprechen. Ich realisierte, dass eine Verletzung geschehen musste, damit ich mein Herz erst für den wieder öffnen konnte, der es verdient hat und damit umzugehen weiß. Ich stellte aber auch fest, dass auf die behütete Kindheit irgendwann auch mal leidvolle Erfahrungen folgen müssen und machte mir Sorgen, wann diese wohl kommen würden. Und so bekamen die Dinge für mich eine neue Perspektive. Ich lernte, meine Begabungen an der richtigen Stelle einzusetzen; lernte, dass es Zeiten für Fragen und Zeiten für Antworten gibt. Und dass ich manchmal die bin, die fragt und manchmal die, die antwortet. Und ich traf tatsächlich auf Menschen, die das Gefühl hatten, in ihrer Lebenssituation allein zu sein. Ich konnte sie trösten und aufmuntern, ihnen zusprechen, dass auch andere Zeiten folgen würden. Denn ich hatte gelernt, darauf zu vertrauen, dass Gottes Zeitplanung die richtige ist, auch wenn mein Kalender etwas anderes dazu zu sagen hat.

Wimke Keil, Jahrgang 1993, hat Soziale Arbeit und Religions- und Gemeindepädagogik studiert und kann nun in ihrem Job im CVJM Landesverband Ostfriesland e.V. ihrem Herzensanliegen nachgehen: Mitarbeitenden-Bildung, Eventmanagement, Organisation und Verkündigung. Sie selbst bezeichnet sich als zielstrebig, manchmal ein wenig ängstlich und dennoch als optimistisch.

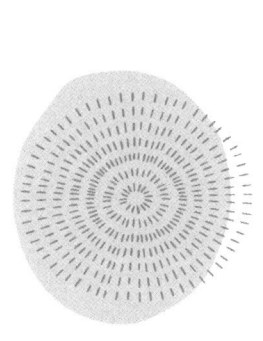
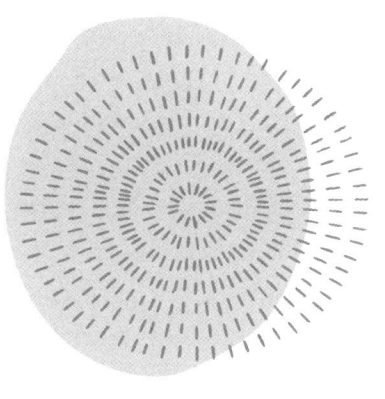

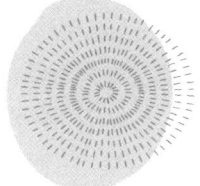

Nicht von dieser Welt

LUKAS 2

Dunkel war's und weit und breit keine menschliche An-
siedlung, keine Stimmen, kein Licht. Ängstlich durfte
man nicht sein und auch nicht zimperlich. Na ja, so ganz
freiwillig waren sie auf diese Arbeit nicht gekommen: Einer hielt es einfach nicht aus in festen Wänden, an einem
festen Ort – irgendwie immer getrieben, immer auf der
Suche nach einem besseren Aufenthalt. Ein anderer
musste damals ganz schnell verschwinden. Hinter ihm
eine Spur der Schuld, des Versagens, der Enttäuschungen.
Er konnte nicht bleiben. Den Alten hatten sie aus Mitleid
dabei. Viel ausrichten konnte er nicht mehr, die Knochen
mürbe, die Augen trüb. Und manchmal war er wunderlich,
wenn er so vor sich hinbrabbelte. Aber er kannte die besten Weideplätze und hatte viel Erfahrung. Einer wusste
gar nicht, wie es dazu gekommen war, dass er so weit weg
von seiner Familie war. Er sorgte für die Menschen, die
ihm am Herzen lagen, aber der Preis dafür war hoch, immer nur auf Stippvisite zu Hause und dann schnell wieder los. Zuhause …, ach, tagsüber ging es, da war viel zu
tun, aber nachts, da kam die Sehnsucht. Noch ein anderer wollte eigentlich nichts mehr mit den Menschen zu
tun haben, die hatte er kennen gelernt und er verstand sie
nicht. Zuviel Gefühlsverwirrung. Tiere waren da anders:
ohne Falsch. Den Jungen hatten sie aufgedrückt bekommen. Die Eltern tot, den Verwandten eine Last, die woll-

ten ihn nicht behalten. So hatten sie ihn mitgenommen.

Abgehängte und Aussortierte. Nicht sonderlich beliebt. Komische Käuze eben. Nein, Angst hatten sie alle nicht mehr. Wovor auch? Gefährlich war's schon. Die wilden Tiere, die unberechenbare Natur, das Wetter. Keiner unter ihnen, der nicht Wunden oder Narben an sich trug. Nein, Angst durfte man nicht haben. Wer sich fürchtete, der war nicht gemacht für dieses Metier. Auf Rückhalt von den Menschen, für die sie loszogen, konnten sie nicht setzen. Die Sache mit der Angst musste man mit sich selbst ausmachen. Der Junge lernte noch. Im ersten Jahr hatte er jede Nacht geweint. Sie hatten ihn tagsüber hart rangenommen, damit er abends müde war und vor Erschöpfung einschlief. Es gab ja nichts zum Trösten. Irgendwann hatte sein Herz nicht mehr so wehgetan. Er hatte sich an sein Leben gewöhnt, war härter geworden und schließlich hatten die Tränen aufgehört. Den anderen war es recht. Was soll man tun, wenn einer so traurig und verlassen ist? Sie hatten sich zusammengerauft. Lauter Einzelne, die nun doch eine Gemeinschaft bildeten. Nicht freiwillig, aber sie konnten sich aufeinander verlassen. Auf wen auch sonst.

Wieder eine Nacht, nicht anders als die davor. Einer hält Wache, die anderen schlafen. Später wechseln sie sich ab. So machen sie das immer, Routine eben. „Keine besonderen Vorkommnisse" wird er bei der Übergabe sagen, das mögen sie am liebsten. Nur noch eine Stunde, dann übernimmt der Junge. Wird auch Zeit, ihm fallen gleich die Augen zu. Da ist es auf einmal taghell, obwohl es eigentlich tiefste Nacht ist, überall Licht direkt um ihr Lager herum. Es ist so hell, dass es in den Augen wehtut und sein Herz rast wie verrückt. Was ist das? Es ist zu spät, um in Deckung zu gehen. Wo bin ich da hineingeraten? Er kann sich nicht bewegen. Was soll das? Seine Kehle ist wie zugeschnürt, er kann nicht um Hilfe rufen oder was immer das auch ist verscheuchen. Wer ist das? Die anderen sind aufgewacht und aufgesprungen, aber jetzt stehen auch sie da wie angewurzelt. Die Augen weit aufgerissen. Kann es noch schlimmer kommen? Die Herzen schlagen ihnen bis zum Hals. Aus dem Licht kommt eine Stimme, laut und klar: „Fürchtet euch nicht." Im selben Moment können sie erkennen, es ist nicht einfach Licht, das ist eine Klarheit wie aus einer anderen Welt, ein Engel steht mitten in ihrem aufgescheuchten Kreis und spricht freundlich mit ihnen. Dass sie keine Angst haben sollen und er sehr, sehr gute Nachrichten für sie hat. Der Retter der Welt ist geboren, der Heiland ist als Kind zu den Menschen gekommen. Ein Grund zur Freude für alle Völker. „Fürchtet euch nicht!"

Und dann ist auf einmal der ganze Himmel voller Engel, Licht und Lobliedern für Gott. Mehr als beeindruckend, fast beängstigend schön. Aber der Engel hat's gesagt: „Fürchtet euch nicht!" „Hab keine Angst", das ist ein Wort eher für ein Kind, nicht für hartgesottene Männer. Erwachsene müssen das allein hinkriegen, oder? Und sie denken: „Wie lange schon hatten wir keine Angst mehr? Wie lange schon haben wir uns abgewöhnt, uns zu fürchten? Wie lange schon haben wir unsere Herzen hart gemacht? Wie lange schon haben wir uns nicht erlaubt, etwas zu vermissen? Wie lange schon leben wir in Routine? Wie lange schon hat uns nichts mehr berührt? Heute haben wir uns erschreckt und heute haben wir ein Wort für unser Herz bekommen. „Fürchtet euch nicht. Ich verkündige euch große Freude." Heute haben wir uns gefürchtet und heute haben wir uns so lebendig gefühlt wie lange nicht mehr. Heute hat uns Gott einen Engel geschickt und jetzt wollen wir losgehen in die Nacht, ins Unbekannte und den sehen, von dem wir gehört haben."

---●---

Ich liebe dieses „Fürchte dich nicht!"

Anke Holst

Ich war ein schüchternes kleines Mädchen. Als ich ein Kind war, durfte man das noch sein. Im Kontakt mit den Menschen aus der Familie oder der Nachbarschaft machte das nichts. So kannte man mich und so nahm man mich. Ab und zu ein gutmütiger Scherz auf Kosten der kleinen „Bangbüx", aber nichts wirklich Gemeines oder Böses. Und dazwischen immer wieder sehr freundliche Erwachsene, die versuchten, mich aus der Reserve zu locken und eine mutige kleinere Schwester, in deren Windschatten ich mitsegelte. Ich glaube, meine Eltern gingen davon aus, dass sich das mit der Zurückhaltung und Ängstlichkeit mit der Zeit von selbst regelt, zumal davon zu Hause nicht viel zu merken war.

In der Schule hatte ich Angst vor einigen der Größeren und auch vor einigen in meinem Alter, die auf meine Kosten Witze machten. Da hätte man sich wehren müssen oder mitlachen. Ich konnte beides nicht. Gern wäre ich anders gewesen: freier, frecher, selbstbewusster, aber so war ich eben nicht. Heute hören Kinder schon ganz früh: „Trau dich!", „Sei mutig!", „Wehr dich!" Eltern meinen es gut, wenn sie ihren Kindern etwas zutrauen. Als Erwachsene bekommen wir vermittelt, dass wir für unser Glück und den Erfolg in unserem Leben selbst verantwortlich sind, wir können das „machen". Ich habe manchmal den Verdacht, dass das im Rückschluss bedeutet, dass wir uns das Schwere, das Nichtgelungene, die Traurigkeit auch selbst zuzuschreiben haben. Alles eine Frage der Sicht, der Anstrengung und der mentalen Einstellung: „Du bist, was du denkst", „Think positive". Unseren Köpfen wird viel zugetraut.

Ich liebe dieses „Fürchte dich nicht." Es ist besonders, ein bisschen altmodisch vielleicht – aber es hat Kraft! Es ist so viel mehr als: „Du schaffst das!", „Du kannst das!" Es

> „Fürchte dich nicht", das kann ich mir zwar selbst vorsagen, aber schöner ist es, wenn es mir ein anderer zuspricht."

ist auch etwas anderes als: „Was soll schon passieren?",
„Stell dich nicht so an" oder „Davon geht die Welt nicht
unter". Das hören wir schon oft genug und bringen uns
damit selbst zur Räson. Oft hilft uns das auf die Sprünge,
nicht immer ist das genug.

„Fürchte dich nicht" spricht nicht zu unserem Verstand.
Es relativiert die Situation nicht, es erklärt nicht, warum

was wie ist, wie man das Ganze betrachten muss und was
man dagegen tun kann. Und obwohl es sich anhört wie
eine Aufforderung, ist es doch ein Zuspruch: Wir sind
gesehen, wir dürfen Angst haben und wir sind nicht al-

lein. „Fürchte dich nicht" spricht in unsere unruhige Seele und in unser aufgewühltes Herz hinein, es legt sich auf unsere schutzlosen innersten Punkte.

„Fürchte dich nicht" ist wie eine gute Salbe auf einer verletzten Stelle. Die Wunde ist nicht augenblicklich weg, vielleicht bleibt eine Narbe, aber schon während sie aufgetragen wird, tut sie gut und ihre ganze Wirkung entfaltet sie, wenn sie einzieht und in die Tiefe gelangt.

„Fürchte dich nicht", das kann ich mir zwar selbst vorsagen, aber schöner ist es, wenn es mir ein anderer zuspricht. Noch besser, wenn es mir jemand sagt, der in der Situation der Furcht bei mir ist und bleibt. Dann ist es die Hand auf meinem Rücken, die mich stärkt und gerademacht, es ist der Scherz, der mich zum Lachen bringt, wenn ich nicht weiterweiß, die feste Umarmung ohne Worte, das „Wir helfen dir", wenn mir alles zu viel wird. Manchmal, wenn ich das erlebe, weiß ich, das ist ein Gruß von Gott, der mir ausrichten lässt, dass ich sein geliebtes altes Kind, sein großes Mädchen bin und er immer an meiner Seite ist.

Ich mag die Geschichte von den Hirten, dem Engel und der guten Nachricht. Es rührt mich, dass die, die am Rande stehen, die hart geworden sind, die nicht besonders umgänglich sind, die nichts hermachen, deren Leben nicht erfolgreich und glücklich ist, dass das genau diejenigen sind, denen Gott als erste die gute Nachricht ausrichten lässt und ihnen das Wort gegen die Angst zuspricht. Ich mag die Geschichte, weil ich aus ihr herauslese, dass es egal ist, wer wir sind und wie wir sind. Gott kommt in unsere Umstände und lässt uns wissen, er will sie mit uns teilen.

Klein bin ich immer noch, schüchtern im Grunde meines Herzens auch. Das eine sieht man, das andere wissen meine Freunde. Wenn es sein muss, kann ich mich wehren und der Humor kommt auch nicht zu kurz. Anders sein möchte ich nicht mehr. Ich weiß, was ich kann und was ich schaffe und welche Gedankenstrategien im Alltag hilfreich sind. Dass die Welt wegen persönlicher Dramen zum Glück nicht so schnell untergeht, habe ich bemerkt und freue mich darüber. Aber ich brauche neben dem allen – oder besser: über all dem – Gottes freundliches, bergendes und entlastendes „Fürchte dich nicht". Ich brauche es für mich und für die Menschen, mit denen ich lebe und arbeite. Das Wort berührt mich und tröstet mich, es trägt mich und macht mich lebendig. Apropos lebendig: Die Fortsetzung von „Fürchte dich nicht" finde ich in einem Weihnachtslied der Gruppe Godewind:

„Dat is de Nacht as anners keen
und ik go op de Reis,
mien Hart wookt op,
de Angst schlöppt in,
und bi de Krüff knee ik mi hin
und sing Kyrieleis."[7]

Das ist doch mal was: ein Herz, das aufwacht und die Angst, die an der Krippe einschläft. „Fürchte dich nicht" gilt nicht nur an Weihnachten, es reicht zum Glück bis in jede Jahreszeit.

Ich mag das.

Anke Holst, Jahrgang 1960, Dipl. Sozial-pädagogin/Sozialarbeiterin, macht seit 25 Jahren Beratungsarbeit im Sozialdienst eines Akutkrankenhauses und liebt, was sie tut. Sie hat zwei erwachsene Kinder, ist zweifache Mädchen-Großmutter und findet beides ganz wunderbar. Seit einigen Jahren lebt Anke wieder in Ippensen, wo sie schon ihre Kindheit verbracht hat.

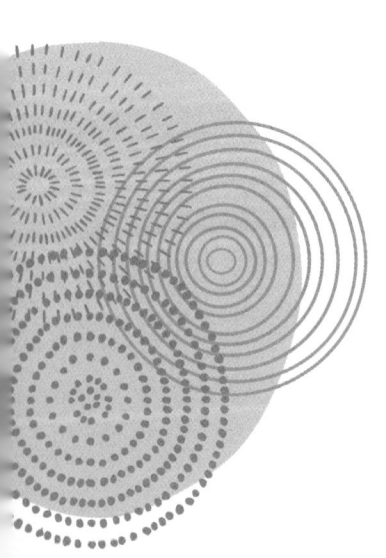

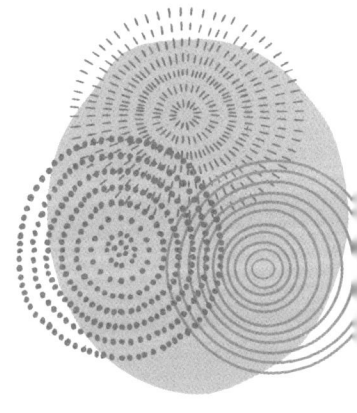

Freundschaft, die trägt

LUKAS 5,17-26

Die Matte war sperrig. So passte sie auf keinen Fall durch die kleine Luke im Dach. Die Freunde sahen sich an. Einer sagte schulterzuckend: „Anders geht es nicht!" Und dann griffen ihre Hände nach den angrenzenden Ziegeln – eine Mischung aus Lehm und Stroh   und brachen sie aus ihrer Befestigung. „Jetzt könnte es passen", sagte ein anderer. Nachdem alle zustimmend genickt hatten, hoben sie die Matte an. Darauf lag ein Mann – ein Freund. Einer, der sich nicht selbst helfen konnte, weil er gelähmt war. Ihn wollten sie unbedingt zu Jesus bringen. An diesem Tag war ihnen das wichtiger als alles andere. Dazu brauchten sie einander, das wussten sie nur zu gut. Immerhin ging es hier um ihren gemeinsamen Freund. Dieser ließ das alles mit sich geschehen. Denn er wollte nur zu Jesus. Sie hatten oft über Jesus und seine Macht gesprochen. Und Jesus? Der predigte unterdessen im Inneren des Hauses vor vielen Menschen. Diese hatten den Freunden keinen Weg freigemacht. Sie alle wollten selbst Jesus sehen und hören. Deshalb blieb nur der Weg über das Dach. Im Haus machte sich Unruhe breit. Erst rieselte Lehm auf sie herunter, nach und nach konnten sie immer mehr Himmel sehen. Und anschließend einige Köpfe, die von oben in das Haus hineinragten. Im nächsten Moment schwebte eine Matte von oben herab – direkt vor Jesu Füße. Es verschlug ihnen fast die Sprache. Auf der

Matte lag ein Mann! Nun sprach Jesus mit dem gelähmten Mann. Ein gutes und erlösendes Wort: „Dir sind deine Sünden vergeben." Die Schriftgelehrten und Pharisäer sagten nichts, aber ihre Blicke verrieten alles. „Er lästert Gott. Nur Gott kann Sünden vergeben. Wer ist er?", dachten sie bei sich. „Was denkt ihr in euren Herzen?" Jesus hatte tiefer geblickt. „Ist es leichter zu sagen: Dir sind deine Sünden vergeben, oder zu sagen: Steh auf. Du kannst wieder gehen? Ich möchte, dass ihr etwas begreift und wisst: Der Menschensohn hat Vollmacht auf Erden, Sünden zu vergeben." Und im selben Moment blickte er den Gelähmten an. „Hör gut zu. Ich sage dir jetzt etwas Wichtiges: Steh auf, nimm dein Bett und geh nach Hause." Alle, die anwesend waren, wurden Zeugen eines großen Wunders: Der gelähmte Mann stand auf. Es war unfassbar. Er rollte seine Matte zusammen. Niemand sagte ein Wort. Alle Augenpaare waren auf ihn gerichtet. Und dann ging er los, bahnte sich einen Weg durch die Menschenmenge und hörte nicht auf, Gott zu danken und zu loben. Eine Mischung aus Entsetzen, Ehrfurcht und Dankbarkeit erfüllte den Raum. Alle waren sich bewusst, dass dieser Moment besonders war. Und dass dieser Morgen mindestens ein Leben verändert hatte. Verstehen konnten sie es irgendwie nicht: „Seltsam, wirklich seltsam, was wir erlebt haben."

Hoffnungsvoll glauben – trotz allem

Miriam Inäbnit

Vier Menschen bringen ihren kranken Freund zu Jesus. Dieses Bild sagt viel darüber aus, wie ich persönlich Glauben lebe und erlebe: Es bedeutet für mich, Teil einer (Glaubens-)Gemeinschaft zu sein, die einander in schweren Zeiten trägt und hilft. Das Bild in der Bibelgeschichte fasziniert mich. Freunde, die einen Plan haben: Wir bringen unseren gelähmten Freund zu Jesus, koste es, was es wolle. Sie haben eine Hoffnung und einen Wunsch: Jesus wird unseren Freund heilen, er wird für ihn da sein, er wird ihm begegnen.

Als sie dort ankommen, wird ihnen fast alle Hoffnung genommen: Es ist zu voll, es ist kein Durchkommen zu Jesus möglich. Vielleicht haben sie die anderen Menschen gebeten, Platz zu machen. Sie haben bestimmt erwähnt, wie dringend ihr Freund Hilfe braucht. Vielleicht haben die Freunde auch verzweifelt gerufen, dass man sie doch durchlassen möge. Vielleicht haben sie auch vor Enttäuschung geweint. Einer von ihnen hat eine Idee und schlägt vor, den kranken Freund durch das Dach direkt vor Jesu Füße herabzulassen. Es kostet sie Kraft, Schweiß, Ausdauer und den festen Willen, dies zu schaffen. Ob ihnen Zweifel kommen? Was ist, wenn wir zu spät „durchbrechen", wenn Jesus doch nicht mehr dort unten im Raum steht? Was ist, wenn er doch keine Zeit für unseren Freund hat?

Meine persönliche Glaubensgeschichte ist eng mit dieser

Bibelgeschichte verwoben. Aufgewachsen in einem christlichen Elternhaus war es ganz natürlich, dass man füreinander gebetet hat: bei Sorgen, Krankheit, Herausforderungen im Alltag ... Als Teenie war es für mich selbstverständlich, dass ich mit meinen Freunden und meiner Familie zusammen gebetet habe. Es war selbstverständlich für mich, dass Jesus da sein würde. Er würde uns hören, er würde handeln und heilen. Oftmals war es ein Erleben, dass wir ankamen und direkt zu Jesus durchgehen konnten. Keine Menschenmenge, die den Platz versperrte. Und doch: als eine Freundin an Krebs erkrankt war und wir uns als Freunde zu Jesus durchkämpften. Kamen wir zu spät, als sie starb? War Jesus nicht mehr da, als wir sie vor seine Füße hatten herablassen wollen? – Kurz darauf ein anderes Gebetsanliegen: Wieder war einer unserer Freunde schwer krank und wir eilten als Freunde zu Jesus – und erlebten unser Wunder. Leben und Heilung.

Diese beiden Geschichten, die ich als Teenie erlebt habe, begleiten mich mein ganzes (Glaubens-)Leben lang. Sie haben mein Verständnis geprägt, wie ich bete, hoffe und glaube. Man könnte meinen, dass die Enttäuschung des ersten Erlebnisses von Tod und Trauer einen so prägt, dass die Hoffnung gänzlich verschwindet. Ist unser Leben trotzdem von Zufällen regiert? Welches meiner Gebete wird wohl erhört werden? Macht es Sinn, weiterzubeten? Macht es Sinn, sich durch das Dach, durch Staub und Steine durchzukämpfen? Bekomme ich immer die Antwort auf mein Gebet, die ich mir erhoffe? In den Jahren nach meinen ersten zwei Gebetskämpfen erlebte ich wieder, dass gute Freunde krank wurden. Todkrank. Ich nahm allen Mut zusammen, versuchte, durch die Menschenmenge und dann durch das Dach zu Jesus zu kommen.

Wurden meine Freunde geheilt? Nein – nicht immer. Habe ich erlebt, dass Jesus unten stand und auf uns gewartet hat? Ja. Ein Jesus, der heilen kann, aber der uns vielmehr unsere Sünden vergibt und uns über dieses Leben hinaus

> „Glaube und Leben sind niemals ohne Tränen. Aber ich habe die Hoffnung. Die Hoffnung, dass Jesus immer für uns da ist und uns begegnen wird."

ein Leben in Ewigkeit verspricht. Er zeigt uns eine Welt, in der es keinen Tod und keine Tränen mehr geben wird. Glaube und Leben sind niemals ohne Tränen. Aber ich habe die Hoffnung. Die Hoffnung, dass Jesus immer für uns da ist und uns begegnen wird. Jesus hat gesagt, dass er bis an das Ende der Welt mit uns sein wird. Und wir wissen: auch darüber hinaus. Diese Hoffnung gibt mir den Mut zu glauben.

Die Geschichte in Lukas 5 zeigt mir auch, wie abhängig ich bin. Abhängig von meinem Schöpfer, von seiner Vergebung und seiner Kraft. Ich bin auch abhängig von der Gemeinschaft und von den Menschen, mit denen ich lebe. Ich darf erleben, dass mich mein Glaube, meine Hoffnung und *seine* Liebe tragen.

Miriam Inäbit lebt seit 2001 in Dänemark und unterrichte dort Deutsch an einem Internat für Teenies. Sie ist mit Philip verheiratet und hat drei tolle Kinder: Elias, Hannah und Ida. Musik und Klavierspielen ist ihr großes Hobby.

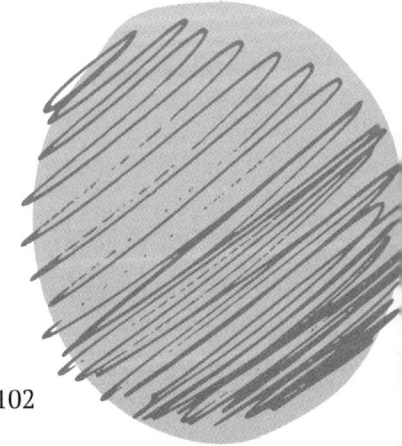

Keine Angst vor Schnupfennasen und aufgeschürften Knien

MARKUS 10,13-16

Die Stimmen der Männer klangen alles andere als freundlich. „Haltet sie bei euch. Passt auf die Kinder auf! Seht ihr nicht, dass sie hier stören? Hier ist kein Platz für Kinder!" Ihre Gesichtszüge waren ernst, ihre Blicke strafend, ihr Tonfall unbeherrscht. Und sie erwarteten, dass man ihren Aufforderungen ganz schnell Folge leistete. Sie waren Männer, die zu wissen glaubten, wie man mit Frauen und Kindern umging und wer in dieser Angelegenheit das Sagen hatte.

Doch im Grunde hatten sie *ihn*, Jesus, nicht verstanden. Seine Mission, sein Auftrag hatte sie nur oberflächlich erreicht. Ja, sie würden sagen: Er ist für die Menschen da, wendet sich ihnen zu. Aber galt das auch Kindern? Kinder – die waren laut und ungestüm. Hüpften, rannten, krakeelten, lachten laut. Hatten Schnupfennasen und aufgeschürfte Knie. Waren oft schmutzig, warfen mit Steinen und spielten mit Dreck.

Eingeschüchtert fingen die Frauen ihre Kinder mit energischen Worten und strengen Gesten wieder ein. Dabei fragten sie sich, ob sie sich geirrt hatten. Hatten sie sich zu viel erhofft? Sie hatten so viel mehr erwartet. Hatten von Jesus Segen für ihre Kinder erbeten wollen. Sich gewünscht, dass sie in seiner Nähe waren. Sein Segen sollte die Kinder für ihr Leben stärken. Daran sollten sie wachsen. Aber die großen Männer um Jesus herum hatten sie klein gemacht. Traurig und ärgerlich drehten sich die Frauen um und traten den Heimweg an.

Und dann hörten sie ihn, Jesus. Er sprach klar und deutlich. Alle konnten ihn hören. Er redete so ganz anders als die Männer, die sich seine Freunde nannten. Er sprach jedoch nicht mit ihnen, den Frauen, sondern mit den Männern. Und was er sagte, war eindeutig: „Haltet sie nicht auf. Lasst doch die Kinder zu mir kommen! Ihnen gehört alles, was Gott, dem Vater gehört."

Noch ehe die Männer die Frauen zerknirscht auffordern konnten, umzudrehen, hatten diese schon die Richtung geändert. Hören konnten sie gut. Und die Worte Jesu hatten sie in Bewegung gesetzt. Hin zu Jesus. Mit allen Kindern. Um Segen zu empfangen. Kraft, Stärke, Lebensmut, gute Worte von Gott. Voller Dankbarkeit hatten sie Jesus wahrgenommen als einen, bei dem „Störungen" Vorrang hatten.

Störungen haben Vorrang

Manuela Klindworth

Ich war auch mal Kind! Meine Umgebung hat mich deutlich wahrgenommen. Mal steckte ich andere mit meiner fröhlich-quirligen und albernen Art an, mal wies man mich in die Schranken. Manchmal mahnte man mich auch zur Ruhe. Aber so war ich nun mal – und bin es im Grunde immer noch. In meinen Kindern erkenne ich mich manchmal wieder – nein, ehrlich gesagt sogar sehr oft. Heute gehöre jedoch ich zu denen, die andere in die Schranken weist und zur Ruhe mahnt.

Wenn Kinder spielen, dann ist es lebendig, laut, turbulent, aufregend, fröhlich, bewegend, unruhig ... Kinder sind, wie sie sind. Oft freuen wir uns als Erwachsene wie verrückt über ihr Verhalten, so viel Lebensfreude und ihre Ausgelassenheit und lieben es, ihnen dabei zuzuschauen. Wir wünschen uns vielleicht auch, für einen Augenblick selbst zum Kind zu werden und uns ganz dem

Spiel der Kinder hinzugeben. Aber oft genug erlebe ich, gerade bei mir und meiner Familie, dass ich alles andere brauche – aber bitte keine um mich wuselnden und tobenden Kinder. Kinder, die auf sofortige Antworten ihrer Fragen drängen. Kinder, die ständig etwas wollen.

Privat wie beruflich bin ich von Kindern umgeben und stehe ständig in der Konfrontation mit ihnen. Wenn ich telefonieren möchte, brauche ich Ruhe. Wenn ich etwas Interessantes im Radio hören oder im Fernsehen sehen möchte, brauche ich Ruhe. Bei einem dienstlichen Elterngespräch brauche ich Ruhe. Ich könnte zahlreiche Momente aufzählen, in denen ich Ruhe bräuchte und (meine) Kinder einfach nur stören. Was mir in der Geschichte aus Markus 10 deutlich wird, ist: Ich kann die Jünger verstehen! Ich kann nachvollziehen, dass sie in dieser Situation nicht von Kindern gestört werden wollten. Dafür ist das, was sie von Jesus hören, zu wichtig. Jedes Wort muss das Ohr erreichen, aber – und das beeindruckt und begeistert mich an der Geschichte: Jesus lässt sich von den aufgeregten und lauten Kindern „stören". Er gibt dieser Störung Vorrang und stellt damit unwiderruflich klar, was wirklich wichtig ist.

Bei Jesus geht es nicht nur um Worte, sondern um Taten. Würde ich als Erwachsener Jesus treffen, würde ich erwarten, dass er mir sagt, was ich tun muss, um glücklich und von ihm geliebt zu sein. Während ich darüber noch nachdenke, machen Kinder, wonach ihnen ist: Sie werfen sich Jesus einfach an den Hals, umarmen ihn, gehen auf Knuddelkurs, ganz nah an sein Herz. Wow. Jetzt begreife ich endlich, worum es bei Jesus geht. Es ist so einfach, was Jesus sagt: „Werde wie ein Kind, dann hast du ewiges Leben bei mir." Das kann und muss ich ganz praktisch tun. Das heißt auch: Es geht nicht darum, mehr für meinen Glauben zu tun, mehr in der Bibel zu lesen, mehr zu beten, mehr die Gebote zu halten, mehr, mehr, mehr …

Sich Jesus an den Hals werfen, offenherzig und sichtbar Begeisterung und Liebe zeigen, sich an die Hand nehmen lassen, wenn nötig, sich auch fallen lassen, ihm voll und ganz vertrauen: Das ist es, was er von mir möchte – und das ist es, was Kinder tun. Sie vertrauen ihren Eltern blind, kuscheln sich gern an sie, sind ehrlich und frei heraus, lieben und fühlen sich geliebt.

> „Wenn Kinder spielen,
> dann ist es lebendig, laut,
> turbulent, aufregend, fröhlich,
> bewegend, unruhig...
> Kinder sind, wie sie sind."

Ich habe mich in den letzten Tagen auf ein Experiment eingelassen. Ich habe Kindern, die etwas von mir wollten, mir etwas sagen oder zeigen wollten, erlaubt, mich zu „stören". Das waren beeindruckende Momente. Was hätte ich alles verpasst, hätte ich es nicht gemacht! Ich habe Eichhörnchen auf Bäumen und Käfer auf Kinderhänden entdeckt, konnte zu Lösungen beitragen, habe motivieren, loben und zustimmen können. Ich habe lachende Kinder angesehen und Umarmungen als

Dank gespürt. Das war es mir allemal wert, mich von einer mir scheinbar wichtigen Sache abzuwenden und mich ganz einem Kind zu widmen. Und genau das tut Gott: Er wendet sich mir jederzeit in Liebe zu und sagt mir: „Du bist mir wichtig!"

Manuela Klindworth ist 43 Jahre, seit 15 Jahren verheiratet und hat zwei entzückende Kinder. Sie arbeitet in der Betreuung von Grundschulkindern, ansonsten ist sie Hausfrau und Mutter und leidenschaftlich ehrenamtlich in ihrer Kirchengemeinde tätig.

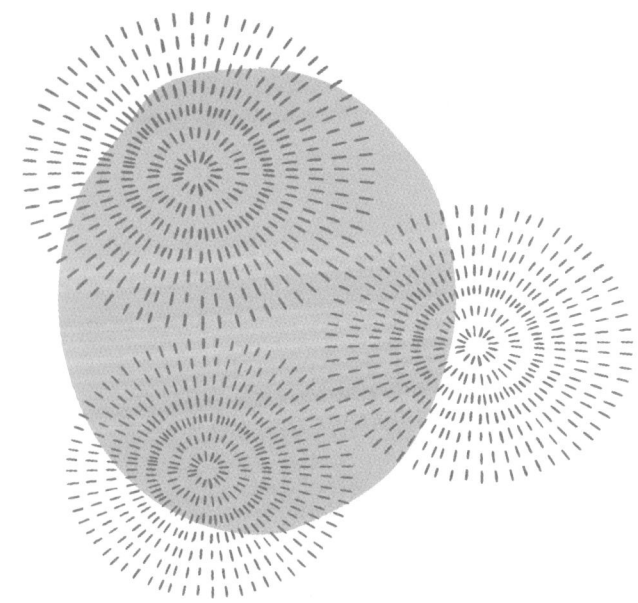

Gute Dinge für stürmische Tage

MARKUS 4,35-41

Als die Boote das Ufer verließen, schlug das Wasser in leichten Wellen ans Ufer. Die Männer auf dem Wasser waren beschäftigt. Natürlich mussten die Boote navigiert werden. Jeder hatte seine Aufgabe, wenn es raus auf den See ging. Aber beschäftigt war auch ihr Kopf. Mit ihren Gedanken waren sie woanders.

Jesus hatte so viele Dinge gesagt. Über Gott. Über Vertrauen. Über den Glauben. Ganz klein würde er beginnen – wie ein Senfkorn. Und dann würde er über sich selbst hinauswachsen ... Andreas sah zu den anderen. Jesus hatte ihr Leben verändert. Jeden Tag waren sie zusammen, hörten gute Worte, bekamen Ermutigung. Gott war ihnen immer nähergekommen, vertrauter geworden. Jesus sprach von ihm in Bildern – wie von einem guten Freund, einem guten Vater. Andreas war nachdenklich und glücklich zugleich. Manchmal hatte er mit Petrus über all das geredet. Das gab ihm Sicherheit, Ruhe.

Es war schon dunkel, als der plötzliche Wind aufkam. Mit Wucht riss er an den Segeln, das Steuer war kaum noch zu halten. Manchmal kam das vor – diese plötzlichen und heftigen Winde auf dem See. Dann wurden sie alle richtig durchgeschüttelt. Das geschah ohne große Ankündigung. Wie eine Nussschale tanzte das Boot nun auf den Wellen. In den Gesichtern der Männer stand das blanke

Entsetzen. Sie würden alles verlieren in diesem Sturm, vielleicht sogar ihr Leben.

Nur einer schlief. Jesus. Er hatte sich hingelegt und war erschöpft eingeschlafen. Als die Männer ihn schlafen sahen, rüttelten sie ihn wach – grob und haltlos, mit vorwurfsvollen Worten und Blicken. „Herr!", schrie einer gegen den Wind an. „Interessiert es dich nicht, dass wir umkommen?" Die Segel schlugen hin und her von dem Wind. Im Nachbarboot schrien sie um ihr Leben.

Jesus stand auf, sah in die Fluten und blickte in den Wind. Drei Worte von ihm reichten – und es geschah, womit niemand gerechnet hatte: „Schweig und verstumme." Und sogleich hörte der Wind auf und das Wasser beruhigte sich.

Still war es. Fast unheimlich still. „Habt ihr keinen Glauben? Warum fürchtet ihr euch?" Seine Stimme durchbrach die Stille. Den Männern standen die Furcht und das Entsetzen ins Gesicht geschrieben. „Wer ist er?", raunten sie sich zu. „Wind und Wellen hören, wenn er spricht."

———●———

Jesus segelt mit

Stefanie Mahnken

„Herr über Wind und Wellen." – So lautet die Überschrift dieser Erzählung in meiner Bibel. Warum mir gerade diese dramatische Geschichte so gut gefällt? Sie macht mir Mut. Sie lässt mich wissen, dass ich nicht allein durch dieses Leben segeln muss, sondern dass Gott selbst mit im Boot sitzt und es nichts gibt, wovor ich mich fürchten müsste. Gott ist da. Immer. Nur ein Gebet weit entfernt.

Auch in meinem Leben gibt es hin und wieder stürmische Zeiten. Da dachte ich gerade noch, alles läuft ganz gut irgendwie – und schon kurze Zeit später scheinen die Dinge aus dem Ruder zu laufen und ich

„Ich darf wissen und darauf vertrauen, dass Jesus da ist. Immer. Er segelt mit mir und ich muss mich nicht fürchten."

fühle mich völlig ausgebremst. Sturm, Wellen und Gegenwind standzuhalten, kostet mich viel Kraft. Manchmal fühle ich mich vom alltäglichen Leben ganz schön erschöpft. Wenn ich Gottes Gegenwart aus dem Bewusstsein verliere, kann es passieren, dass ich förmlich geschüttelt werde von Ängsten, Selbstzweifeln und negativen Gedanken.

Diese Geschichte erinnert mich daran, dass Jesus selbst von mir nur eines erwartet: Vertrauen. Ich darf wissen und darauf vertrauen, dass Jesus da ist. Immer. Er segelt mit mir und ich muss mich nicht fürchten. Mehr noch: Er ist der Kapitän, er navigiert mich und bringt mich sicher ans Ziel. Mehr und mehr lerne ich zu vertrauen und loszulassen, was mich stresst oder mir Sorgen bereitet. Zu vertrauen auf Gottes Gegenwart. Auf seine Liebe, auf sein Wohlwollen für mein Leben und für meine Liebsten. Er hat den Blick aufs Ganze. Auch wenn es mir nicht leichtfällt: Sein Wille geschehe.

Ich kann und muss nicht alles verstehen, nicht alles schaffen. Ich darf so sein, wie ich bin, wie ich bis hierhin geworden bin. Auch mal schwach oder traurig. Und ich darf mich bedingungslos lieben lassen. Gott kennt mich durch und durch und hat mich trotzdem lieb. Er ist immer für mich da. Er kämpft für mich gegen jeden Sturm und ich kann ganz ruhig sein. Was für ein gnädiger Vater! Ich lerne immer mehr, wie gut es mir tut, loszulassen, abzugeben und mich einfach zu freuen an dem, was ist. Im Hier und Jetzt zu sein. Ganz bewusst und dankbar dieses kostbare und wunderschöne Geschenk des Lebens anzunehmen. Zu lieben und geliebt zu werden. Für mich das Schönste überhaupt.

An der Haustür einer lieben Freundin klebt ein kleiner Sticker, über den ich mich jedes Mal freue, wenn ich zu ihr fahre. Nur zwei Worte stehen darauf: „Freu dich!" Ja! Das will ich! Mehr Freude. Und das ist es, was Jesus sich für unser aller Leben wünscht. „Denn Gott hat uns nicht gegeben den Geist der Furcht, sondern der Kraft und der Liebe und der Besonnenheit" (2 Tim. 1,7 LÜ17). „Freu dich!" Das habe ich mir jetzt auch mit Kajalstift auf meinen Badezimmerspiegel geschrieben. Damit ich gar nicht erst auf schlechte Gedanken komme, wenn ich am Morgen vor meinem zerknitterten Spiegelbild stehe ...

Ich muss immer noch daran arbeiten, mir eine zuversichtliche und optimistische Einstellung zuzulegen und täglich mit einem dankbaren und fröhlichen Blick in den Tag zu starten. Durch Sorgen kann ich mein Leben nicht eine Sekunde verlängern. Anstatt wertvolle Zeit damit zu verschwenden, Probleme in meinem Kopf im Kreis zu jagen, gebe ich gleich morgens im Gebet alles ab, was mich bewegt. Nur wenn ich mich zurückziehe und still werde, kann ich auch innerlich zur Ruhe und ins Gleichgewicht kommen. Bei Gott vor Anker gehen. Auftanken oder mir bei einer Flaute etwas Rückenwind geben lassen. Und wenn die Tage mal wieder besonders stürmisch zu werden drohen, kann ich manchmal förmlich Gottes Stimme hören:

„Hab keine Angst. Ich bin da. Entspann dich. Vertrau mir. Das zieht vorbei. Alles wird gut!" Ängste und negative Gedanken werden sicher immer mal wieder bei mir anklopfen. Aber einziehen und sich breitmachen dürfen sie nicht! Martin Luther hat wohl einmal gesagt: „Beten heißt, Gott den Sack vor die Füße werfen." Finde ich super – mache ich gern. Was er dann damit macht? Hoffentlich im tiefsten Meer versenken ...

Stefanie Mahnken, Jahrgang 1974, ist Mutter von drei Kindern, Familienfrau, Seelsorgerin und Unternehmerin. Sie betreibt „Herzhausen", einen kleinen Laden in Sittensen und bietet dort Schönes für Herz und Seele an. Sie liebt es zu lesen, zu reisen und am Meer zu sein ...

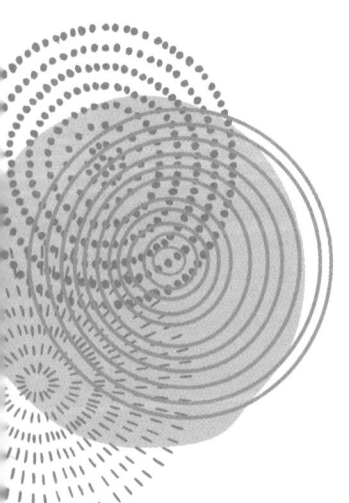

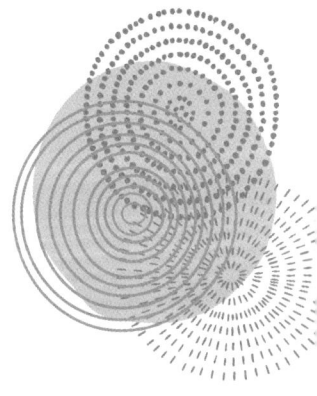

Jetzt reicht's aber

LUKAS 10,38-42

Während Marta die Schürze wütend in die Ecke warf, formulierte sie noch einmal ihre Worte. Es reichte ihr so ziemlich. Sie schielte verstohlen in den Raum, in dem Jesus mit seinen Freunden saß, dazu ihr Bruder Lazarus und dann – als gäbe es überhaupt nichts zu tun – ihre Schwester Maria. Mit intensiven Blicken verfolgte sie alles, was Jesus tat. Maria saß da wie gebannt und hörte auf jedes Wort, das Jesus sprach. Dann ging Marta entschlossen auf Jesus zu. Die Blicke der anderen interessierten sie nicht.

„Jesus, ist dir das eigentlich egal? Also, ich meine das zwischen mir und meiner Schwester? Sie lässt mich hier wirklich alles allein machen! Den ganzen Haushalt. Ich meine, ihr seid hier mit dreizehn Männern in unser Haus gekommen. Und wir freuen uns sehr. Aber das ist schon eine echte Herausforderung. Und ehrlich, ich mache das auch wirklich gern – das ist auch genau mein Ding. Aber ein bisschen Hilfe von Maria hätte ich schon erwartet. Und die sitzt einfach nur bei dir und den Männern – mal abgesehen davon, dass ich das ehrlich gesagt sehr unangemessen finde. Also, Arbeit gibt es hier genug. Ich meine, das musst du doch sehen. Kannst du sie nicht darauf hinweisen? Also, wenn ich ihr das sag, hört sie sowieso nicht auf mich."

Im Laufe des Tages war Jesus mit seinen Freunden zu ihnen gekommen. Jesus war ein guter Freund von Lazarus, ihrem Bruder. Mit ihm wohnten Maria und Marta zusammen in diesem Haus. Drei Menschen, drei Geschwister. Lazarus hatte Jesus kennen gelernt und eingeladen. Zusammen wollten sie essen und Neuigkeiten austauschen. Lazarus konnte Jesus ununterbrochen zuhören. Manchmal hatte er seinen Schwestern von ihm erzählt – und immer, wenn er von ihm erzählte, leuchteten seine Augen. Das war so ansteckend, so schön, dass ganz klar war: Wenn Jesus mal zu Besuch kommen würde, dann sollte es ihm an nichts fehlen.

Aber irgendwie hatte sich Marta das anders vorgestellt. Zumindest nicht so, dass alle um Jesus herumsaßen und sie allein in der Küche beschäftigt war. Bei Jesus verschaffte sie sich nun Luft. Niemand sagte etwas. Alle schwiegen, warfen sich aber vielsagende Blicke zu. „Marta, ich weiß zu schätzen, was du tust. Deine ganze Arbeit zeigt uns: Du möchtest, dass es uns gut geht. Aber weißt du, da ist noch etwas anderes: Viel wichtiger ist, dass du in meiner Nähe bist. Maria hat das verstanden. Sie weiß, dass das reicht. Marta, du brauchst nichts zu tun – du darfst einfach nur da sein und zuhören. Das ist die bessere Alternative. Das kann ich Maria doch nicht verbieten."

Marta und ich

Hanni Nack

Marta, eine Frau wie du und ich?

Typisch Marta ...

M Mahlzeit   Mann im Haus
  Menü   Maßstab, mutig
  Majoran   Mädchen

A Auflauf   arbeitsam, auftrumpfend
  Apfelmus   alternativ
  Anis   anständig

R Rezept, Ratatouille   richtig, rasant, rasend
  Risi-Bisi, Russische Creme   Redeschwall, räsonierend
  Rosmarin   reizend, reizbar

T Terrine, Tischtuch   tüchtig, treu
  Trauben, Tiramisu   Trotzkopf, toll
  Thymian   Tat, Talent, tanzen

A Ananas   A-Karte gezogen
  Armer Ritter   angespannt, abgespannt
  Abwasch   abenteuerlustig, angenehm

Ich würde jetzt viel lieber etwas im Haus oder Garten tun, als mir Gedanken über Marta zu machen. Was hält Jesus von Marta? Er liebt sie. Das ist schon mal sicher. Jedoch, was will er von ihr?

Marta ist ein Goldstück auf ihre ganz eigene Art. „Marta, Marta, du hast viel Sorge und Mühe und kümmerst dich um ganz viele Dinge." Das kann ich auch gut: mich sorgen, mühen, kümmern, manchmal über meine Kräfte hinaus. Dann bitte ich Gott ebenfalls: „Herr, ich kann nicht mehr, hilf mir." Vielleicht könnte ich klugerweise

meinen Verstand benutzen und versuchen, nicht die ganze Welt retten zu wollen. Sorgen kosten mich gleichermaßen viel Kraft und ändern meistens ganz, ganz wenig. Und doch können Marta und ich nicht aus unserer

Haut. Dass wir uns verantwortlich fühlen, macht uns ja auch wichtig. Wichtig wollen wir sein, das sind wir gern. Arbeiten im Haus und im Garten ist einfacher für uns, als Gedanken und Sorgen zu reflektieren. Will Gott, dass wir – Marta und ich – unseren Lebensstil, unser Leben ändern? Ich weiß es nicht. Sind wir Gott weniger nahe als die Marias? Ich weiß es nicht.

Wir fühlen uns bei Gott sicher und geborgen – wenn wir uns nicht gerade sorgen oder mal wieder über unsere Kräfte hinaus gewirtschaftet

„Und doch können Marta und ich nicht aus unserer Haut."

haben. Ja, ja, Marta und ich sind schon „sone" Typen. Ich stelle mir vor, ich bin Martas Freundin. Wir beide treffen uns zwei Tage nach dem Besuch von Jesus bei Marta. Was könnte sie mir erzählen?

Sie ist noch wütend auf Jesus.

Sie ist zufrieden, weil alle satt geworden sind und ihr Essen gelobt haben.

Sie hat sich mit Maria ausgesprochen.

Sie ist noch enttäuscht von Maria.

Sie hat sich vorgenommen, weniger zu arbeiten und mehr zu hören.

Sie ahnt, dass Jesus bald aus dieser Welt geht und sie hat deswegen Angst.

Sie will ihren Lebensstil nicht ändern und kann das auch gar nicht.

Sie möchte sich mehr Zeit für Gebet und persönliche Beziehungen nehmen.

Sie versucht, mehr Verständnis für Maria zu haben, mehr Toleranz für andere Menschen, die anders sind.

Leider darf ich euch nicht verraten, was sie mir erzählt hat. Weil wir ja Freundinnen sind.

Tut mir leid. Gruß, Hanni.

Hanni Nack lebt mit ihrer Familie, Kühen, Hühnern, einigen Katzen, einem Pferd und einem Hund in einem kleinen Dorf. Sie hat aber auch Kontakt zur großen weiten Welt, weil sie telefonieren und Auto fahren kann.

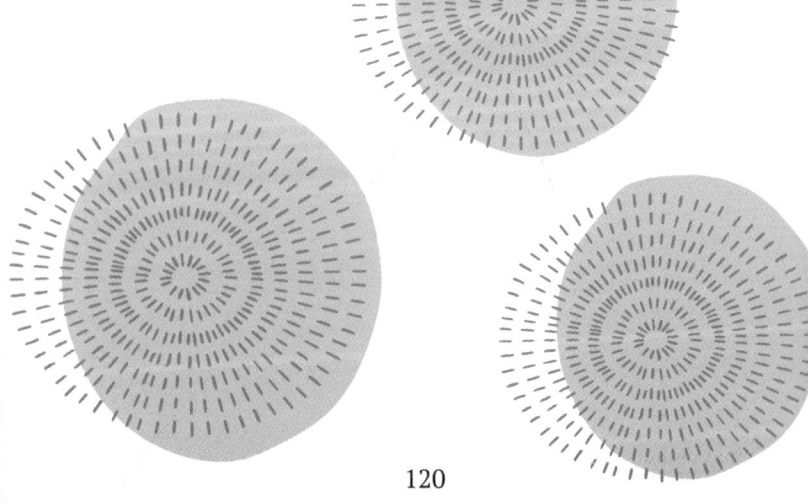

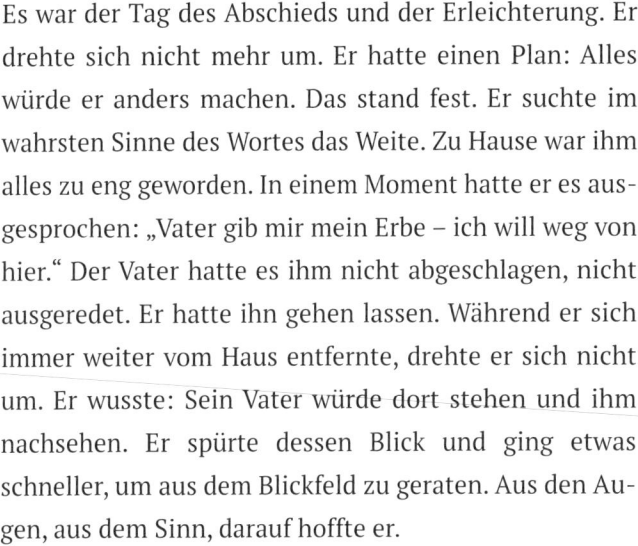

Soll er doch sehen, wo er bleibt

LUKAS 15,11-32

Es war der Tag des Abschieds und der Erleichterung. Er drehte sich nicht mehr um. Er hatte einen Plan: Alles würde er anders machen. Das stand fest. Er suchte im wahrsten Sinne des Wortes das Weite. Zu Hause war ihm alles zu eng geworden. In einem Moment hatte er es ausgesprochen: „Vater gib mir mein Erbe – ich will weg von hier." Der Vater hatte es ihm nicht abgeschlagen, nicht ausgeredet. Er hatte ihn gehen lassen. Während er sich immer weiter vom Haus entfernte, drehte er sich nicht um. Er wusste: Sein Vater würde dort stehen und ihm nachsehen. Er spürte dessen Blick und ging etwas schneller, um aus dem Blickfeld zu geraten. Aus den Augen, aus dem Sinn, darauf hoffte er.

Und dann begann das, wovon er so lange geträumt hatte: Freude und Spaß statt Arbeit und Erschöpfung, Freunde, Lachen, Vergnügung und Zerstreuung – das war wunderbar. Bis ihm klar wurde, dass das Geld ausgegeben war und sich die vermeintlichen Freunde langsam zurückzogen. Ohne Geld war er für sie wertlos und uninteressant. Der Tag, an dem er in den Trog mit Schweinefutter griff, weil er den Hunger nicht mehr ertrug, half ihm, klarer zu sehen. So tief war er abgestürzt. Und es gab niemanden, der für ihn etwas übrighatte. Niemanden, für den er einen Wert hatte. So hatte er niemals leben wollen. Er dachte an zu Hause. An den Vater. Die letzten Wortwechsel und Augenblicke. Wie sehnsuchtsvoll er ihn angesehen hatte – er konnte das Bild vor seinem inneren Auge nicht verdrängen.

„Was, wenn ich umdrehe, nach Hause gehe und meinen Fehler eingestehe? Wenn ich mich als Arbeiter anbiete. Wenn ich sage: ‚Vater, ich habe Schuld auf mich geladen vor dem Himmel und vor dir'. Vielleicht bekomme ich dann Arbeit und Essen."

Er stand auf und ging los. Er drehte sich nicht mehr um. Er hatte einen Plan: Alles würde er anders machen. Das stand fest. Er suchte im wahrsten Sinne des Wortes das Weite. Von Weitem sah ihn auch der Vater. Nicht ein Tag war vergangen, an dem er nicht gewartet und Ausschau gehalten hatte. Er hatte ihn so sehr vermisst. Dann lagen sie sich in den Armen. Sie weinten und hätten sich am liebsten nicht mehr losgelassen. „Holt Ring, Kleid und Schuhe!", hörte er den Vater sagen. „Mein Sohn war tot. Nun ist er wieder lebendig. Wir feiern ein Fest. Mit allem, was dazu gehört." Es war ein Tag des Glücks.

Aber einen gab es, der keine Lust hatte, mitzufeiern. Er war erbost, aufgeregt und fühlte sich ungerecht behandelt. Nie war er ausgebrochen. Er hatte doch immer alles richtig gemacht. Schließlich war er der Ältere von zwei Brüdern. Er war dem Vater treu geblieben. Er hatte gelernt, zu Hause Verantwortung zu übernehmen. Für den Hof, für die Angestellten. Nie hatte er den Vater um irgendetwas gebeten. Und jetzt so etwas … Er konnte sich kaum beherrschen. Der Vater bemerkte es. Auch dieser Sohn war sein ganzer Stolz. Als sie sich gegenüberstanden, sagte er: „Teile unser Glück. Komm, feiere mit uns. Dein Bruder war tot, nun ist er wieder lebendig geworden."

Umhüllende Liebe

Dörte Dembski-Minssen

„Wie blöd!", habe ich mir gedacht, als ich diese Geschichte zum ersten Mal hörte. Und ich konnte den Daheimgebliebenen nur zu gut verstehen. Der jüngere Bruder ist doch selbst schuld. Hat sein Geld eingefordert und alles verprasst. Soll er doch sehen, wo er bleibt! Bei der zweiten Begegnung dachte ich: „Hm, das offene Ende gefällt mir nicht!", „Was passiert weiter?", „Wie gehen sie nachher miteinander um?", „Lenkt der Daheimgebliebene ein?", „Bleibt es ein Streit auf ewig?", „Warum handelt der Vater so?"

Und dann, als ich mich ein weiteres Mal mit dieser Geschichte beschäftigte: „Boah, welch tolle unmissverständliche Geste!" – Der Vater empfängt den Weggelaufenen mit offenen Armen, rennt ihm sogar noch entgegen.

> „Gott ist jederzeit für mich da!
> Er liebt mich mit all meinen
> Schwächen und Unzulänglichkeiten.
> Seine Arme sind immer für
> mich ausgebreitet.
> Einladend. Auffordernd."

Wer möchte so herzlich empfangen werden? Ich auf jeden Fall! Der Übertrag dieses Gleichnisses auf mein Leben rückte ins rechte Licht: „Ahhh!", bei mir klickte es. Der dargestellte Vater soll unser Vater im Himmel sein. So wie der Vater der Geschichte seine Kinder liebt – und egal wie sie sich verhalten, ob sie sich von ihm abwenden oder ihn im Leben begleiten – genau so liebt Gott mich. Egal, ob ich ihn wie der Daheimgebliebene mein Leben lang als Begleiter habe oder ob ich mich von ihm abwende und wieder umkehre. Bei Gott gelten mir unbekannte

Maßstäbe. Er kehrt mir nie den Rücken zu. Gott ist jederzeit für mich da! Er liebt mich mit all meinen Schwächen und Unzulänglichkeiten. Seine Arme sind immer für mich ausgebreitet. Einladend. Auffordernd. Welch tolles Symbol – die offenen, ausgebreiteten Arme. Jederzeit kann ich zu ihm nach Hause kommen.

Auf meinem Weg zum Glauben wurde mir immer bewusster, dass mein Zugang zum Vaterherzen Gottes das Gebet und die Lieder der Anbetung sind. In den Anbetungsliedern kann ich Gott nah sein und seine Nähe und Liebe zu uns Menschen spüren. Beim Singen fühle ich mich eingehüllt von seiner Liebe und meine Sehnsucht nach seiner Nähe und Geborgenheit wird gestillt. Ich werde ruhig und weiß, dass alles, was ich ihm hingebe, gut bei ihm aufgehoben ist. In diesem Zusammenhang fällt mir ein Lied ein, das zu einem meiner Lieblingslieder der Anbetung geworden ist:

„Vater ich komme jetzt zu dir, als dein Kind lauf ich in deine Arme"[8], heißt es darin. Wie es auch das Gleichnis wiedergibt: Ich kann immer zu Gott kommen, in seine Arme laufen ... als sein Kind, seine Tochter, sein Sohn. „Ich bin geborgen, du stehst zu mir, lieber Vater"[9], lautet die nächste Zeile. Egal in welcher Lebenssituation ich mich gerade befinde: Ob fröhlich oder betrübt, gesund oder krank, reich oder arm – Gott steht zu mir und möchte für mich zu jeder Tages- und Nachtzeit da sein. Er wartet immer mit offenen Armen. „Vater, bei dir bin ich zu Hause, Vater bei dir berge ich mich, Vater bei dir finde ich Ruhe"[10], heißt es weiter. Bei Gott finde ich Schutz, kann auftanken, mich geborgen fühlen, sicher sein und ihm alles hinlegen, was ich auf dem Herzen habe. Bei ihm ist es gut aufgehoben.

In solchen Liedern fühle ich mich Gott ganz nah. Er nimmt mein Singen mit offenen Armen entgegen. Und dann ist da noch das Gebet. Auch im Gebet empfängt Gott mich mit offenen Armen. Ich kann ihm Kleines und Großes anvertrauen, ihm alles zu Füßen legen. Auch im Gebet kommt er mir mit offenen Armen entgegen. Er hat jederzeit ein offenes Ohr für mich und lädt mich ein, ihm alles anzuvertrauen und hinzugeben.

Meinem Vater im Himmel bringe ich Dank und Bitte. Ich danke ihm zum Beispiel für die strahlende Sonne, die mir entgegenlacht, oder die Bewahrung meiner Lieben, Familie wie Freunde. Dies sind manchmal nur kurze Stoßgebete – aber ich weiß, er hört sie. Auch bete ich, wenn es mir oder anderen nicht gut geht. Dann vertraue ich Gott die Sorge an und bitte ihn um Begleitung und Beistand in der trüben Zeit. Was für ein Geschenk, dass wir ihm alles bringen können!

Nicht zu unterschätzen ist für mich auch die Möglichkeit, in Gemeinschaft zu beten oder ein Gebetsanliegen an andere abzugeben. Vor kurzem hatte ich selbst keine Kraft zu beten und habe gute Freundinnen gebeten, mich im Gebet zu unterstützen. Noch heute bin ich unendlich dankbar für diese Möglichkeit. Ich durfte erstmalig diese ungeahnte unterstützende Kraft spüren. Es gab mir so viel Zuversicht und Rückenstärkung.

Diese umhüllende Liebe ... ein Gefühl, das kaum mit Worten zu beschreiben ist. Und dabei sehe ich immer die ausgebreiteten einladenden Arme Gottes, wie im Gleichnis. An und mit dieser Geschichte ist mein Glaube im Laufe der Jahre gewachsen und ich bin zu meinem Ja zu Gott gekommen. Und wie bereits oben geschrieben, dabei sind Anbetungslieder und Gebete mein Weg zu Gott, meinem Vater im Himmel.

Ach, eins noch: Ich habe mich nie daran gestoßen, dass das Gleichnis „Der verlorene Sohn" heißt. In der heutigen Zeit hätte Jesus es auch „Die verlorene Tochter" nennen können. Für mich ist klar: Jede und jeder kann jederzeit zu Gott gehen und wird von ihm mit offenen Armen empfangen und aufgenommen.

Dörte Dembski-Minssen, Jahrgang 1967, spielt gerne Cajon, liebt das Reisen in skandinavische Länder und ist für „time to talk" aktiv. In den Sommermonaten sieht man sie an schönen Tagen mit ihrem kleinen alten roten Fiat 500 durch die Gegend flitzen. Als Grundschullehrerin liegt ihr das Wohl jedes einzelnen Mädchens und Jungen am Herzen.

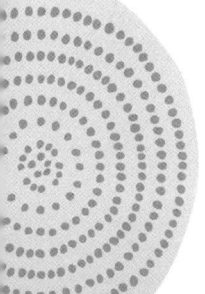

Wegschauen ist einfacher

LUKAS 10,25-37

Während er die Augen öffnete, sah er, dass ein Mann sich über ihn beugte und ihn ansah. Das Gesicht erkannte er nur schemenhaft. Die Sonne blendete ihn so stark, dass er seine Augen gleich wieder schloss. In ruhigen Worten sprach der Fremde zu ihm: „Hab keine Angst, ich kümmere mich um dich. Ich hol nur schnell etwas zum Verbinden." Sein Akzent verriet ihn. Er war aus Samarien. Einer, der anders dachte und anders glaubte. Ein bisschen Sorge hatte er schon – er, der Verletzte, dass sein Helfer nicht wiederkommen würde. Er wusste nicht, wie viele Stunden seit dem Überfall vergangen waren. Eine Bande Räuber hatte ihn überrascht, niedergeschlagen und beraubt. Er war nicht mehr in der Lage gewesen, wieder aufzustehen und den Weg nach Jericho weiterzugehen. Sie hatten ihm alle Kraft geraubt. Als er sich auf den Weg von Jerusalem nach Jericho gemacht hatte, war ihm bewusst gewesen, wie gefährlich das war. Die Berichte über die Überfälle auf dieser Strecke hatten sich herumgesprochen. Immer wieder waren Opfer zu beklagen gewesen. Und trotzdem hatte er diesen Weg gewählt. Andere gingen ihn ja auch. Händler, Priester, Tempeldiener. Wer nach Jericho wollte, wählte in der Regel den kürzesten Weg. Hinab durch die Schlucht, vorbei an schroffen Felsen. Für Räuber gab es hier gute Verstecke. Die anderen Menschen, die an diesem Tag unterwegs waren, hatte er nur von weitem wahrgenommen. Sie hatten seinen Weg gekreuzt. Aber sie hatten ihm nicht geholfen. Hatten weggesehen und waren ohne ein Wort zu sagen weitergegangen, hatten vielleicht noch ihre Schritte beschleunigt. Sicher hatten sie ihre Gründe. Wieder hörte er Schritte. Er öffnete die Augen und spürte im nächsten Moment eine Hand unter seinem Kopf. Der fremde Mann hob diesen vorsichtig an. „Trink erst einmal. Das wird dir guttun." Der Verletzte öffnete den Mund und spürte, wie gut das Wasser tat. Sein Körper schmerzte bei jeder Bewegung. Der Fremde goss Öl über seine Wunden und verband notdürftig die schlimmsten Stellen. „Ich bring dich von hier weg. Du brauchst Ruhe und musst versorgt werden." Und irgendwie war er dann auf den Rücken des Tieres gekommen. Irgendwie hatten sie eine Herberge erreicht. Dort gab es ein Bett. Dort wurde er versorgt. Als er nach einigen Tagen den Wirt fragte, was er ihm für Unterkunft und Verpflegung schuldig sei, bekam er eine Antwort, die er nie mehr vergessen würde: „Dein Freund hat alles bezahlt. Wenn er wiederkommt, wird er den Rest der Kosten übernehmen."

Den Blick weiten für Schwache und Verletzbare

Heike Klensang

Meine Geschichte beginnt in meiner Kindergottes-dienstzeit. Wir hörten die Geschichte vom barmherzigen Samariter. Ganz gespannt lauschte ich der Erzählung und war fasziniert von dem Handeln des Mannes aus Samari-en. Jedoch konnte ich es nicht verstehen, wie die zwei Männer einen Menschen ausrauben und schwer verletzt liegen lassen konnten. Ich war traurig darüber. Aber als genauso schlimm empfand ich die Tatsache, dass zwei fromme Männer, von denen man es ja ohne zu fragen er-warten würde, dass sie helfen, den Verletzten einfach

ignorierten und weitergingen. Wie kann man nur so kaltherzig sein? Umso mehr blieb mir das Bild in Erinnerung, als der Samariter den verletzten Mann auf seinem Esel zur Herberge brachte, ihn versorgen ließ und sogar für die Kosten aufkam. Der Mann, von dem man es am wenigsten erwartete. Das war für mich eine ganz wichtige Geschichte! Denn nun wurde mein Wunsch, Krankenschwester zu werden, immer größer. Ich wollte den Menschen helfen, denen es nicht gut geht! Und ich durfte diesen Beruf erlernen. Für mich ist es noch immer einer der schönsten und dankbarsten Berufe. Doch im Laufe der Jahre hat sich mein Blick auf diese Geschichte verändert. Ich frage mich oft: Wie wäre es heute gewesen? Wie hätten die Menschen reagiert? Wer wäre heute dieser Mensch, der verletzt am Boden läge

„Ich wollte den Menschen helfen, denen es nicht gut geht."

und/oder den man nicht beachten würde? Ist es vielleicht jemand, der nicht in unsere Gesellschaft passt? Aus welchem Grund auch immer. Es gibt Momente, in denen auch ich das Gefühl habe, ein Teil dieser Gruppe zu sein, die nicht dazugehört. Aber sicherlich gibt es Situationen, in denen ich mich wie der Levit und der Priester verhalte. Weil es einfacher ist, wegzuschauen. Das macht mich nachdenklich. Ich wünsche mir, dass die Worte „Liebe deinen Nächsten wie dich selbst" wieder mehr gelebt werden und der Blick für die Schwachen und Verletzbaren in unserer Gesellschaft gestärkt wird. Denn Jesus sagt: Der Nächste ist der, der dem Verletzten gegenüber barmherzig ist. Mach es ihm nach.

Heike Klensang, geboren 1965, wohnt in Sittensen. Ihr Hobby ist Theaterspielen bei der plattdeutschen Bühne Sittensen sowie Urlaub an der Ostsee machen.

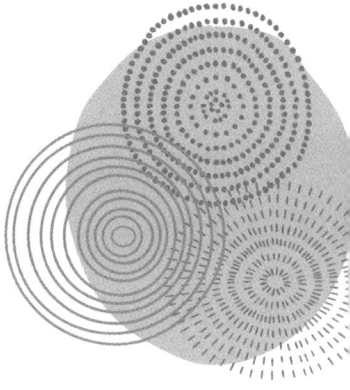

Ein Glückstag für Herrn B.

MARKUS 10,46-52

Was wirklich dunkel ist, weiß ich erst, seit es hell ist. Seit dem Tag als er, Jesus, mir begegnet ist. Bis dahin machten sich andere Gedanken darüber, was ich wohl sah, als ich nichts sehen konnte. Das ist doch verrückt: Menschen, die sehen können, versuchen sich auszumalen, was ein Blinder wohl sieht. Wirklich verrückt ist das. Vielleicht dachten sie: Es müsste irgendwie schwarz sein. Dunkel. Sie redeten wie der Blinde von der Farbe.

Aber als noch schlimmer empfand ich es, dass sie nicht sehen konnten, an wie vielen Tagen dieser Kampf in mir tobte. Wie mich diese Frage zerriss: danach, was ich denn getan hatte, dass Gott es zugelassen hatte, mich blind auf die Welt kommen zu lassen. Diese Frage nagte an mir. Kann ein Kind im Mutterleib schon Schuld auf sich laden? Das ist doch absurd! Oder verhält es sich so, wie die klugen Menschen sagen: Irgendetwas müssen seine Vorfahren getan haben – eine Rechnung könnte noch offen sein zwischen Gott und dieser Familie.

Manchmal hätte ich ihnen gern die Augen geöffnet, ihnen gezeigt, wie sehr ich wegen dieser Frage litt. Es war aussichtslos. Und alles Grübeln half nichts. Die Schuldfrage war aber nur die eine Sache. Niemand konnte mich gesund machen. Niemand konnte mir helfen. Jeden Tag saß ich am Straßenrand. Bettelte, rief und hoffte, dass sich jemand erbarmte. Ich war über die Jahre feinfühlig geworden und konnte es spüren: Den Einen war ich eine Last. Sie wollten mich nicht sehen. Andere dagegen – ich nenne sie meine Freunde – unterstützten mich, damit ich den Platz, an dem ich immer saß, jeden Tag erreichte. Es ist schon schwierig, einen Weg zu finden, wenn man nicht sehen kann.

An dem Tag, an dem sich alles änderte, war es eigentlich wie immer. Ich saß an der Straße, die aus Jericho heraus-führte und bettelte. Und dann erfuhr ich es: Jesus sollte in die Stadt kommen! Von ihm hatte ich gehört. Un-glaubliches! Wie er den Menschen begegnete – und dass er Wunder tun konnte. Das war meine Chance! Ich setzte alles auf eine Karte, ließ den Menschen keine Ruhe mehr, flehte um Erbarmen, wimmerte, weinte, beschwor die Vorbeilaufenden. Ich wollte einfach nur gesehen werden. Von ihm – Jesus.

Unglaubliches hatte ich gehört. Wie er den Menschen begegnete, und dass er Wunder tun konnte. Und dann kam er. Der Eine. Der nicht sagte: „Sei still. Mach dich unsichtbar. Verschwinde von der Bildfläche!" Nein, Jesus war anders. Er hatte mein Schreien gehört: „Jesus, du Sohn Davids, erbarme dich über mich!" Das habe ich im-mer und immer wieder gerufen. Gegen die Meinung der genervten Menschen am Straßenrand, die genug von meinem Schreien hatten, ließ er mich holen. Und ir-gendwie fanden meine Füße den Weg von ganz allein. Obwohl ich nichts sehen konnte, wusste ich genau, wo ich ihn finden würde.

Und dann diese Frage – mit allem hatte ich gerechnet, mit Geld, mit einer milden Gabe, aber nicht mit dieser Frage: „Was soll ich für dich tun?" Das war meine Chance. Ich wünschte mir so sehr, dass etwas dran war an dem Gerede der Menschen, die sagten: „Er heilt Kranke. Lahme können wieder gehen, Blinde wieder sehen."

Ich wollte nur das Eine – endlich sehen können. Befreit werden von der Krankheit, der Schmach, der Abhängigkeit. Ich wollte nicht mehr ausgegrenzt sein – sondern dazugehören. Ich wollte nicht nur die Wärme der Sonne spüren, sondern die Sonne sehen. Ich wollte sehen, wie die Menschen aussahen, die jeden Tag mit mir sprachen, meine Familie, meine Freunde. Mit der größten Sehnsucht meines Herzens sagte ich: „Rabbi, ich möchte sehen können." Mehr war das nicht, nur diese schlichten Worte. Ich war gespannt – alle Fasern meines Körpers schienen zu zerbersten. Das Glück meines Lebens war zum Greifen nah. „Geh hin", sagte er zu mir. „Dein Glaube hat dich gerettet." Und was dann passierte, war eine Detonation von Farben, Schattierungen, Eindrücken. Es war überwältigend. Es war, als hätte Gott Himmel und Erde nicht in sechs Tagen, sondern innerhalb einer Sekunde erschaffen. An diesem Tag habe ich mich Jesus angeschlossen. Seitdem gehöre ich zu ihm." Mein Name ist Bartimäus. Blind geboren – durch seine Kraft geheilt.

Von Freunden, Mut und Dankbarkeit

Susanne Kogge

Blind sein – eine der schlimmsten körperlichen Beeinträchtigungen, die ich mir für mich selbst vorstellen kann. Nie mehr den blauen Himmel sehen, egal ob mit oder ohne Wolken. Nie die Natur in ihren unterschiedlichsten Grüntönen oder die Farbenvielfalt von Pflanzen und Blüten. Und dann davon abgesehen die Gesichter der Menschen, die ich kenne und mag. Oder die Gesichtsausdrücke auf den Gesichtern der Menschen, mit denen ich Gespräche führe. Überhaupt mein ganzes persönliches Umfeld: unsere Wohnung, unser Hof und alles, was mit meiner Arbeit in der Schule zusammenhängt. Mir vorzustellen, ein Leben in völliger Dunkelheit zu führen, macht mir Angst. Aber ich bin nicht blind. Gott sei Dank, ich kann noch ganz gut sehen – trotz Lesebrille. Was mich an Bartimäus so bewegt, ist, dass er sein Blindsein so viele Jahre ertragen hat. Wie, weiß ich nicht. Auf jeden Fall hatte er Freunde und Verwandte. Diese haben ihn nicht allein gelassen. Vielleicht haben sie ihm etwas mitgegeben von ihrem langen Atem für ihn. Vermutlich haben sie ihm auch von Jesus erzählt. Mich beeindruckt außerdem der Mut von Bartimäus, Jesus um Hilfe zu bitten – gegen alle Versuche von anderen Menschen, ihn mundtot zu machen. Für Bartimäus war der

> „Gott nimmt mich wahr – auch für den Fall, dass andere mich übersehen."

Tag der Begegnung mit Jesus ein Glückstag. Jesus hat ihn nicht übersehen und nicht überhört. Das ist etwas Besonderes und genau die Art, wie Jesus meinem Eindruck nach mit benachteiligten Menschen umgeht.

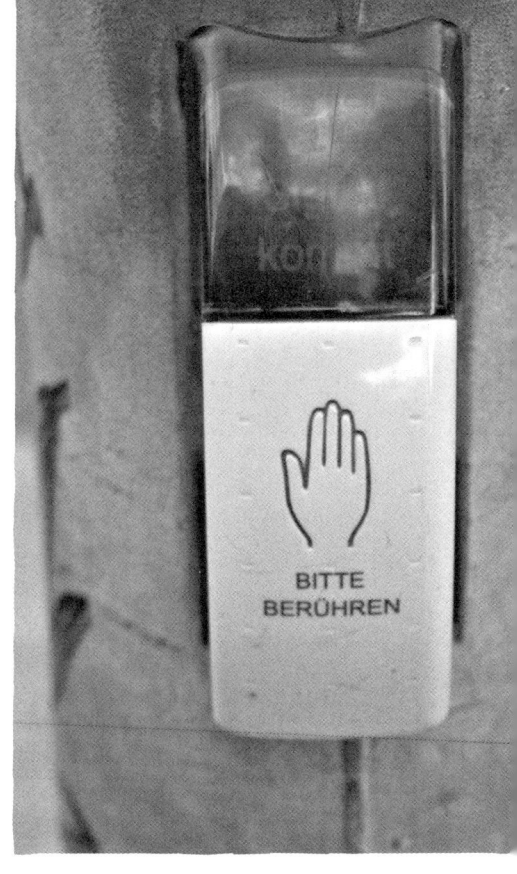

Ich arbeite in einer Grundschule. Dort unterrichte ich unter anderem Religion. Die Geschichte von Bartimäus ist in regelmäßigen Abständen als Thema vorgesehen. Durch kleine Übungen sensibilisieren wir die Kinder im Blick auf das Thema Blindsein. Dazu gehören zum Beispiel neben Vertrauensübungen Fragestellungen, die wir besprechen. Hier ein paar Beispiele:

- Wie komme ich von A nach B, ohne mich an Hindernissen zu stoßen?

- Was mache ich eigentlich, wenn ich nicht sehen kann, ob die Ampel rot oder grün ist? Wann gehe ich los?

- Wie funktioniert eigentlich Blindenschrift?

Wir sprechen über Hilfsmittel für Menschen, die blind sind und ich habe auch schon überlegt, vielleicht mal eine betroffene Person in den Unterricht einzuladen. Zu Beginn dieser thematischen Einheit frage ich mich jedes Mal, warum ich ungern auf Bartimäus und seine Geschichte verzichten würde. Ich glaube es ist so: Ich wünsche mir erstens, dass die Kinder und ich Gesundheit nicht als Selbstverständlichkeit nehmen, sondern dankbar werden, weil es uns so gut geht. Zweitens wünsche ich mir, dass wir achtsam mit gehandicapten Menschen umgehen, von denen es auch an unserer Schule einige gibt. Und nicht zuletzt erinnert mich die Geschichte von Bartimäus an drei wichtige Dinge: Freunde und Verwandte sind wichtig und für die bin ich sehr dankbar. Gott nimmt mich wahr – auch für den Fall, dass andere mich übersehen. Und: Im Leben muss man manchmal Mut haben. Ganz viel Mut.

 *Susanne Kogge, Jahrgang 1961, bewirtschaftet mit ihrem Mann einen Milchviehbetrieb. Seit über fünfundzwanzig Jahren unterrichtet sie mit viel Engagement an einer kleinen und feinen Grundschule. Sie liebt die Wärme des Südens und ihre Familie.*

Was zählt, kann man nicht zählen

LUKAS 18,18-27

Die Frage nach dem ewigen Leben beschäftigte ihn, seit er denken konnte. Oder besser gesagt, seit er ahnte, dass er ein überaus gesegneter Mensch war, dem es an nichts fehlte. Und trotzdem hatte er sich diese Begegnung mit Jesus anders vorgestellt. Er merkte, wie erst das Gefühl von Hilflosigkeit und dann eine tiefe Traurigkeit in ihm hochstiegen. Jesu Worte hallten in seinem Kopf nach: „Wie schwierig ist es für die Reichen in Gottes Reich zu kommen." Ja, das war wirklich schwierig. Er wäre zu vielem bereit gewesen. Nein, eigentlich verhielt es sich anders: Er hatte doch schon so viele Dinge in seinem Leben geändert, um Gott zu gefallen.

Die Zehn Gebote waren ihm von klein auf vertraut. Er hatte sie sozusagen mit der Muttermilch aufgesogen: Gottes Namen heilighalten, Vater und Mutter ehren, nicht ehebrechen, nicht stehlen, nicht töten, den Feiertag heiligen. In diesen Dingen sagte ihm niemand jemals ein Fehlverhalten nach. Von klein auf hatte er gelernt, so zu leben, wie es Gott gefiel. Dieses Wissen gab ihm Selbstbewusstsein und Haltung. Als er in den vergangenen Tagen beschlossen hatte, Jesus die Frage aller Fragen zu stellen, war seine größte Hoffnung die Aussicht auf Bestätigung. Er wollte hören, dass das reichte, dass er alles richtig gemacht hatte, dass es nichts, aber auch gar nichts an ihm auszusetzen gab. Auch nicht aus Gottes Blickwinkel.

Von Menschen ließ er sich nichts sagen. Die sollten gefälligst auf sich selbst Acht geben und vor ihrer eigenen Türe kehren. Er hatte sein Leben in Griff. Ihm lief nichts aus dem Ruder. So hatte er sich über die Jahre einen guten Ruf und eine vorbildliche Stellung in der Gesellschaft erarbeitet. Nun hatte er Jesus seine Frage gestellt – laut und deutlich, dass auch andere es hören konnten. Jesus hatte ihn angesehen. Hatte ihm direkt in die Augen geblickt, als ob er durch ihn durchsehen, ja, in ihn hineinsehen konnte. Und dann hatte er Ungeheuerliches gefordert: „Verkaufe alles, was du hast und gib den Erlös den Armen. Und dann wirst du einen Platz im Himmel haben."

Alles, was er hatte, verkaufen? Sein Eigentum, seine teuren Möbel, all die kostbaren Erinnerungsstücke von den letzten Reisen, seine hochwertige Kleidung, die er mit Stolz trug, sein prachtvolles Haus, sein zweites Paar Schuhe … alles verkaufen? Er schüttelte den Kopf. Nein, das konnte er nicht. Das war nicht abgemacht zwischen Gott und ihm. Das konnte niemand von ihm verlangen. Und ehrlich – niemand tat so etwas. Wo sollte er da anfangen? Vor seinem inneren Auge zog sein Besitz an ihm vorbei. Auch der Acker, den er gerade in der letzten Woche gekauft und mit einem Gespann Ochsen bearbeitet hatte. Er schaute sich um. Die Leute, die das Gespräch zwischen ihm und Jesus interessiert verfolgt hatten, sahen ihn erwartungsvoll an. In ihren Blicken konnte er die

Frage sehen, wie er sich denn nun entscheiden würde. Ewiges Leben, indem er seinen Besitz verkaufte – sollte das so einfach sein? Und war es in Wirklichkeit nicht viel zu schwer? Dass Gott auf solche Dinge Wert legte – darauf war er wirklich nicht vorbereitet gewesen.

Drei Teller, ein Topf und das Gefühl von Geborgenheit

Regina Möller

Schon in jungen Jahren fragte ich mich manches Mal, warum Menschen, die genug Geld und Besitztümer haben, oft so unzufrieden sind. Als wir vor einigen Jahren aus beruflichen Gründen für einen längeren Zeitraum nach Afrika gingen, machte ich eine ganz neue Erfahrung. Da sich der Transport unseres Hausstandes verzögerte, mussten mein Mann, unser 12-jähriger Sohn und ich in den ersten Wochen mit einem Koffer pro Person auskommen. Was sich erst ungewohnt und unbequem anfühlte, weil dies und das fehlte, entpuppte sich mit der Zeit als eine große Befreiung.

Man kommt mit sehr viel weniger aus, als man denkt. Es mussten nur drei Teller, ein Topf und wenig andere Dinge in Ordnung gehalten werden und so gab der Tag ganz viel Freiraum her. Zeit, die wir miteinander teilen konnten. In Afrika, in dieser ganz anderen Kultur, habe ich wunderbare Menschen kennen lernen dürfen, die häufig in sehr ärmlichen Verhältnissen lebten, aber ein Gottvertrauen hatten, das mich manches Mal sprachlos gemacht hat. Außerdem war es eine ganz neue Erfahrung für mich, zu sehen, wie großzügig sie waren und wie sie das Wenige, das sie hatten, immer teilten.

Nach dem ersten Jahr in Namibia hatte ich dann einen richtigen Tiefpunkt und fiel in ein tiefes Loch. Obwohl wir inzwischen in einem riesigen Haus mit einem tollen Haushalt wohnten und es an nichts fehlte, waren mein Sohn und ich nicht glücklich. Mir wurde noch einmal sehr bewusst, dass Glück sich nicht an Dingen, an Besitz, festmachen lässt, sondern Geborgenheit bedeutet. Um glücklich zu sein, reichte es, dass es jemanden gab, der sich

„Wir kommen mit sehr viel weniger aus, als wir denken, aber wir brauchen Zugehörigkeit, Vertrauen und Geborgenheit."

Zeit für mich nahm und um meinetwillen für mich da war. Als ich mich wieder mehr auf die gemeinsame Zeit mit meiner Familie besonnen habe, konnten wir die Zeit in Afrika genießen.

Ich bin sehr dankbar für die Möglichkeiten, die sich dadurch für mich ergeben haben. Es ist erstaunlich, wie sich Blickwinkel verändern können, wenn das Umfeld von Zeit zu Zeit wechselt. Zurück in Europa fiel mir sehr deutlich auf, wie gehetzt es hier durch den Tag geht. Obwohl wir hier im Überfluss leben, scheinen das die Meisten gar nicht wahrzunehmen (das zweite Auto, die dritte Winterjacke, Schuhe in allen Farben und Formen ...). Ich selbst genieße diese Sachen sehr, habe aber gelernt, dass sie mich nicht beherrschen sollen. Das Leben ist nicht dazu da, meine Dinge zu verwalten, sondern die Dinge sind dazu da, mein Leben ein bisschen angenehmer zu machen. Wir kommen mit sehr viel weniger aus, als wir denken, aber wir brauchen Zugehörigkeit, Vertrauen und Geborgenheit.

Regina Möller, Jahrgang 1965, geboren in Hamburg, lebte neun Jahre im Ausland (in zwei verschiedenen Ländern und Kontinenten). Sie ist verheiratet und hat drei Kinder. Zu ihren Hobbys gehört „kreatives Chaos". Wichtig ist ihr, immer die Sonne im Herzen zu behalten und nicht das Lachen zu verlieren – egal wie grau es in ihrer Heimat, Norddeutschland, manchmal ist.

Der graue Schleier der Traurigkeit

JOHANNES 20,11-16

Sie hörte, wie einer ihren Namen rief: „Maria!" Nein, sie konnte nicht mehr hören, denken, fühlen. Wie durch bleischweren Nebel hörte sie eine Stimme. Sie saß zusammengesunken auf ihren Knien. Nicht einmal mehr weinen konnte sie. So viel war seit Freitag passiert, ihr Kopf und ihr Herz kamen nicht mehr mit. Jesus – tot. Jemand hatte ihn vom Kreuz genommen, ihn in ein Grab gelegt und einen Stein davor gerollt. Zwei Nächte und einen Tag lang war sie wie gelähmt gewesen. Am frühen Sonntagmorgen hatte sie sich mit schweren Beinen aufgemacht, um dem Menschen, den sie so verehrte, den letzten Dienst zu erweisen. Und dann der Schock: Das Grab war leer gewesen. Sie war losgerannt, um die anderen Jünger zu holen. Hilfe! Das schaffte sie nicht mehr allein. Aber auch die Freunde waren fassungslos gewesen. Hatten nicht begreifen können, dass das Grab leer war und waren mit hängenden Schultern und schweren Herzen wieder gegangen. Jetzt saß sie vor dem leeren Grab – zusammengesunken, todtraurig. „Maria!" Durch die graue Hülle, die sie zu erdrücken schien, hörte sie ihren Namen. Nein, das konnte nicht sein! Alles, was sie bis zu diesem Moment gesehen und gefühlt hatte, sprach dagegen. Aber so sprach nur der Eine ihren Namen aus. Langsam drehte sie ihren Kopf. Durch den Tränenschleier sah sie ihn, Jesus. Freude explodierte in ihr bis in die Fingerspitzen. Alles in ihr fühlte, sah und wusste: Ja, er ist wirklich da! „Rabbuni! Meister! Freund! Der, der mein Leben ausfüllt! Jesus, du lebst!"

———— • ————

Nichtsdestotrotz – oder: Füße aus dem Bett!

Bärbel Höyns

Maria, warum bist du nach allem, was du am Freitag erlebt hast, nicht liegen geblieben? Die Frage danach, wie man nach Brüchen in der Biografie weitermachen soll, kreist schon lange in meinem Kopf. Warum schaffen es einige und andere nicht? An der Stelle ihres Lebens, wenn sich plötzlich oder auch schleichend etwas zusammenbraut. Wenn alles anders geworden ist: Warum können einige morgens aufstehen und den Weg weitergehen, ihre Arbeit weitertun und ihr Leben weiterleben – und andere nicht? Ich meine die Momente, wenn die Gedan-

> „Liegen bleiben, nichts sehen und hören, schon gar nicht jemandem begegnen – das ist in dem Moment doch, was man eigentlich will."

ken im Kopf nicht mehr aufhören zu kreisen, wenn der Schlaf nicht kommen will, wenn die Tränen das Kopfkissen nass machen und man sich nichts anderes wünscht, als sein ganz normales, wenn auch oft eintöniges Leben wiederzuhaben.

Die Nacht vor Jesu Auferstehung hat mich beschäftigt. Maria hat so viel mit Jesus erlebt. Sie war ganz nah bei ihm. Hat Wunder miterlebt, die er getan hat. Ich schätze, sie hat sich im Kreis der Jünger geborgen gefühlt. Ihrer Meinung nach hätte es sicher ewig so weitergehen können – und dann das! Auch Maria war über das, was kommen sollte, vorgewarnt worden. „Aber vielleicht wird doch noch alles gut", hat sie vielleicht gedacht. Und plötzlich ist alles anders. Ein Bruch. Alles lief so gut bis dahin. Das Leben lief rund, von Schwere auf den Schultern keine Spur. Der Weg von der Kreuzigung zu ihrem Zuhause war sicher schrecklich und tränenverschleiert. Wie unter einem dunkelgrauen Schleier hat sie sicher die Nacht, den Sabbat und auch die zweite Nacht wachend und unendlich traurig verbracht. Aber sie ist aufgestanden, um zum Grab zu gehen.

Warum? Liegen bleiben, nichts sehen und hören, schon gar nicht jemandem begegnen – das ist in dem Moment doch, was man eigentlich will. Für mich heißt die Antwort: Dankbarkeit. Marias Entscheidung aufzustehen ist schon vor dem Bruch in ihrem Leben entstanden. Ich glaube, ihr war immer bewusst, was sie von Jesus geschenkt bekommen hat. Was sie in ihrem Leben erfüllt und ausgefüllt hat, hat Dankbarkeit in ihr hervorgerufen. Mit Jesus und in dem Miteinander der Jünger hat sie erlebt, dass alles, was sie ausmacht, ein Geschenk ist. Unverdient und nicht selbstgemacht. Maria weiß, dass sie geliebt ist – ohne Bedingungen erfüllen zu müssen. Dieses Bewusstsein hat ihr vor dem Bruch Flügel gegeben und sie pure Lebensfreude erleben lassen. Alles geschenkt – das ist der Auslöser der Dankbarkeit dem Schenkenden gegenüber.

Dankbarkeit gibt mir so viel Kraft für den ganz normalen täglichen Wahnsinn. Das Bild mit dem halb vollen Glas macht die Lebenseinstellung so deutlich. Meine Kraft verwende ich dafür, das Positive zu sehen. Mit einer fröhlichen Grundstimmung durch den Tag zu gehen, macht die Schultern gerade, der Blick geht nach oben anstatt auf die eigenen Füße. Ich kann weitergucken als nur auf die eigene Situation. Und dass dankbare Menschen einen fröhlichen Gesichtsausdruck haben, bewirkt auch in meinem Gegenüber ein Lächeln. Ich wünsche mir viel mehr Menschen, an denen wir Freude ablesen können. Wie sähe doch die Welt anders aus, wenn wir die Dankbarkeit als Losung für die Zukunft einführen würden!

Ein wunderbares Beispiel in Sachen Dankbarkeit und Zufriedenheit ist mein Vater. Er hat in seiner Kindheit viel Schreckliches erlebt in seiner Kindheit und ist trotzdem so zufrieden im Hier und Jetzt. Im hohen Alter nimmt er jeden Tag, wie er ist und freut sich über alles. Ich bin dankbar dafür, dass er so ist, wie er ist. Dankbarkeit ist wie ein Motor. Manchmal muss so ein Motor viel Kraft aufwenden, wenn es furchtbar bergauf geht. An manchen Tagen habe ich Sorge, dass dieser Antrieb nicht durchhält, es nicht schaffen wird. Kolbenfresser trotz guter Ölung. Wenn Angst und Sorge, etwa die Sorge um eine Person, keinen Grund zu danken finden lassen, hilft mir ein Blick zurück. Wahrscheinlich ist das so wie damals bei Maria. Die Erinnerung bzw. die Erfahrungen mit Jesus bringen das Gefühl der Dankbarkeit wieder ins Herz zurück.

Und dann kommt noch ein Dämpfer für Maria. Sie hat die

Füße bewegt. Maria geht zum Grab und findet es leer vor. Mehr kann sie kaum verkraften. Ihr Reflex: Hilfe holen. Mit anderen die Not teilen. Die Jünger stellten mit Maria zusammen fest: Ja, das Grab ist leer. Nun hatte sie sich aufgemacht und dann kam noch ein Tiefschlag. Sie weinte, schaute ins Grab und sah erst die zwei Engel und dann einen Mann. Das ist die Stelle, die nicht mehr zu erklären ist, sondern nur noch mit dem Herzen verstanden werden kann. Maria hat mit Jesus gelebt und kann ihn darum wiedererkennen.

Ein Erlebnis lässt mich diese Begegnung ein bisschen besser verstehen: Ich habe meine Schwiegermutter Anneliese bis zu ihrem Tod bei uns im Haus gepflegt. In den letzten Tagen vor ihrem Tod habe ich viel Zeit an ihrem Bett verbracht. Sie hat geglaubt und Jesus gekannt. Wenn sie zwischendurch wach wurde, kamen plötzlich Sätze, die ich nie vergessen werde: „Da! Zähl doch mal! Wie viele Engel sind denn hier?" Oder ein andermal: „Wer ist denn der Mann da auf der Wiese?" Als sie fragte: „Welche Tür soll ich denn nehmen?", sangen wir mitten im Juli „Mach hoch die Tür". Anneliese hat die richtige Tür gefunden, da bin ich mir sicher. Das ist vielleicht nicht zu verstehen, aber an dieser Stelle geht es um Glaubenserfahrungen – darum, wie ich vor dem „Bruch" gelebt habe. Es geht für mich darum, welche guten Erfahrungen in meinem Lebensrucksack stecken. Im übertragenen Sinn wünsche ich mir und all denen, die sich manchmal unter den dunkelgrauen Decken verkriechen wollen, in den eigenen Lebensrucksack zu schauen, der neben dem Bett steht: ihn zu nehmen und, nicht unbedingt mit Schwung, aber doch so, dass man die Füße aus dem Bett schieben muss, sich auf die Suche nach Geschenken zu machen.

Bärbel Höyns, Jahrgang 1958, arbeitet unheimlich gern als Erzieherin in der Grundschule. Das Wertvollste in ihrem Leben ist ihr ihre Familie. Sie liebt Sonne bis auf die Knochen, und Wind, der sich wie Seide im Gesicht anfühlt. Genauso wichtig sind ihr bequeme Schuhe, Pommes rot-weiß und pure Entspannung beim Rasenmähertreckerfahren.

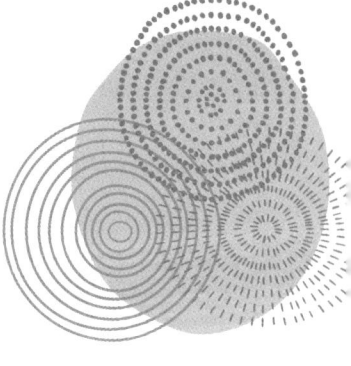

Nicht sehen und trotzdem glauben

JOHANNES 20,19-29

Sind die anderen jetzt total durchgedreht? Angeblich ist Jesus beim letzten Treffen plötzlich mitten unter ihnen gewesen. Trotz verschlossener Türen – und ohne, dass ihn jemand hereingelassen hat. Ganz real, sozusagen leibhaftig, nicht als Geist, auch nicht als geheimnisvolle Stimme von irgendwoher. Mit dem Friedensgruß hat er sie gegrüßt, wie immer. Für Thomas, der nicht dabei gewesen ist, hört sich das völlig überdreht an. Na ja, sie waren sehr angespannt und ängstlich in den letzten Tagen. Sie wussten ja nicht, was nach dem Tod Jesu mit ihnen passieren würde, ob sich der Ärger und die Wut der Juden auch gegen sie richten würde. Deshalb waren sie unsicher und erschüttert. Obwohl Jesus davon gesprochen hatte, hätten sie niemals gedacht, dass es so enden würde. Ohne ihn sind sie kopflos.

Man darf jetzt nur nicht den Verstand verlieren und herumfantasieren, das hilft niemandem. Thomas hat das Gefühl, hart auf dem Boden der Tatsachen gelandet zu sein. Er versucht, wieder Tritt zu fassen. Wie das gehen soll nach all den Jahren mit Jesus, das weiß er auch nicht. Und jetzt drehen die anderen plötzlich durch und sind ganz freudig und aufgeregt. Er kann es nicht fassen und hat es ihnen auch gesagt: „Was ich nicht selbst sehe und anfasse, das glaube ich auch nicht. Ich will nicht irgendwelchen Hirngespinsten hinterherlaufen. Ich bin nicht leichtgläubig. Ich lasse mich nicht für dumm verkaufen." Wenn er seine Weggefährten heute trifft, will er ihnen noch einmal sagen, dass sie sich nicht lächerlich machen sollen. Auch wenn man es sich noch so sehr wünscht, wird ein Toter nicht wieder lebendig. Er wird ihnen sagen, dass sie jetzt alle runterkommen sollen, Ruhe bewahren und sich unauffällig benehmen müssen, bis Gras über die Sache gewachsen ist.

Sie sitzen wieder zusammen, die Türen abgeschlossen. Da steht auf einmal – sie wissen nicht wie – Jesus in ihrer Mitte und grüßt sie: „Friede sei mit euch." Das ist er wirklich! Thomas wird schwindelig. Die anderen haben nicht gesponnen. Er hätte ihnen glauben sollen, er hätte sich seit Tagen mit ihnen freuen können, seit einer Woche schon hätte er getröstet sein können ... Da wendet sich Jesus ihm direkt zu – und es ist wie immer: Er kennt Thomas durch und durch, weiß, was Thomas braucht und holt ihn da ab, wo er ist und sorgt für ihn. „Leg deine Finger in meine Wunden, damit du glauben kannst." Thomas kann glauben, was er sieht, weil er es sieht. Jesus wendet sich noch einmal an ihn: „Selig ist, wer nicht sieht und doch glaubt. Glücklich ist und Frieden hat, wer Gott vertraut, auch wenn er nicht alles verstehen und erklären kann."

152

Gott hält das aus

Katharina Sievers

Ich bin in einem katholischen Elternhaus aufgewachsen. Der sonntägliche Kirchgang, das Tischgebet, die Beichte vor Ostern und Weihnachten gehörten genauso zu unserem Leben wie die Gemeinschaft und das Zusammengehörigkeitsgefühl in der Gemeinde. Es gab klare Regeln und Glaubenssätze, die in unserer Gemeinde galten, das Wort des Pastors hatte Gewicht. Ich fühlte mich in all dem aufgehoben und zu Hause. Gleichzeitig haben mich meine Eltern ermutigt, einen eigenen Blick auf die Dinge zu werfen, mir meine eigene Meinung zu bilden und Entscheidungen selbst zu treffen.

In der Jugendgruppe beschäftigten wir uns mit der Bibel und den katholischen Dogmen wie zum Beispiel der unbefleckten Empfängnis. Mir war „Je älter ich werde, desto mehr erkenne ich, dass ich nicht blind glauben muss. Es gibt aber auch nicht auf jede Frage eine Antwort und nicht jeder Zweifel löst sich in Gewissheit auf." nicht alles eingängig, ich hatte da so meine Fragen und zweifelte an einigen Aussagen. Das machte Unruhe, die dem Pastor nicht gefiel und irgendwann war es wohl genug für ihn: „Sei endlich still und hör auf mit deinen Fragen. Du musst nicht alles verstehen. Glaub einfach." Keine weitere Diskussion, das Thema war beendet. Ich war erschreckt und fühlte mich abgewürgt. Es war, als hätte ich einen Tadel und gleichzeitig einen Maulkorb bekommen. Ich habe mich geschämt und bin nicht dagegen angegangen. Anscheinend war ich die Einzige, die solche Fragen und Zweifel hatte. Warum konnte ich nicht glauben wie die anderen?

Ich wollte nicht negativ auffallen oder stören, ich wollte dazugehören. Die Gemeinde war ein Ort, an dem ich mich gern aufhielt. So beschloss ich, dass ich das mit mir allein abmachen müsste. Ich ging weiter in den Gottesdienst, war weiter aktiv in der Jugendarbeit und irgendwann hatte ich das Gefühl, ich bin darüber hinweg. Aufgewühlt hat mich dann ein Gottesdienst, den wir Jugendlichen mitgestaltet hatten und in dem es um die Geschichte von Thomas und seinem (Un-)Glauben ging. Es mischten sich einige aus unserem Vorbereitungsteam unter die Gottesdienstbesucher und statt der Predigt gingen wir anderen durch die Bankreihen und sprachen diese Jugendlichen wie zufällig an. „Glaubst du oder musst du sehen?" „Glaubst du oder musst du berühren?"

Ich erinnere mich nicht mehr an die Antworten, auch an sonst nicht viel. Aber ich weiß noch, dass es im Nachgang viele gute Gespräche gab. Ich bin aus diesem Gottesdienst gegangen mit dem Gefühl, dass es sehr lebendig sein kann, wenn man fragt und zweifelt. Es ist keine Schande, das zu tun. Es ist erlaubt und wir sind viele, denen es so geht. Heute denke ich, besonders Jugendliche sollten keine Begrenzungen oder Verbote bekommen, wenn es darum geht, ihre Fragen oder Zweifel an Gott oder den Glauben zu stellen. Gott hält das aus, unsere Gleichgültigkeit ist schlimmer für ihn. Je älter ich werde, desto mehr erkenne ich, dass ich nicht blind glauben muss. Es gibt aber auch nicht auf jede Frage eine Antwort und nicht jeder Zweifel löst sich in Gewissheit auf. Ich lebe davon, dass ich glauben kann, dass Gott mich im Blick hat, mich freundlich ansieht und weiß, was ich brauche.

Katharina Sievers, 1965 im Emsland geboren, der Liebe wegen seit 1993 in Vierden. Dort lebt sie auf einem kleinen Resthof in einem Dreigenerationenhaus. Seit nunmehr 30 Jahren arbeitet sie in einer sonderpädagogischen Einrichtung in Hamburg. Mit Freunden zusammen erfreut sie sich seit drei Jahren an einer kleinen Gallowayherde. Es macht ihr sehr viel Spaß und ist ein prima Ausgleich zum Alltagsstress ... Auch werkelt sie gern mit Holz und anderen Naturmaterialien.

Bis ans Ende der Welt

MATTHÄUS 28,16-20

Die große Überraschung lag schon ein paar Wochen zurück. Sie hatten sich noch nicht richtig daran gewöhnt, dass Jesus tatsächlich von den Toten auferstanden war. Eine ungewöhnliche Spannung lag in den Begegnungen, da waren so viele Fragen – sie verstanden nicht, wie das gehen konnte und dann wieder große Freude, Vertrauen, Hoffnung. Am Morgen lag der Berg karg und groß vor ihnen. Dort wollten sie hinauf. Jesus hatte sie dorthin bestellt und wollte oben auf sie warten: auf die elf Männer, die geblieben waren und zu seinen engsten Vertrauten zählten.

Und während sie Schritt für Schritt den Berg bestiegen, erinnerten sie sich an Worte, die er auf dem Berg der Seligpreisungen zu ihnen gesprochen hatte. Worte vom Glück, vom Gespräch mit Gott. Worte gegen das Richten und das Sich-Sorgen-Machen. Was würde er heute sagen? Was war ihm heute wichtig? Als sie ihn sahen, berührte es sie. Sie konnten nicht anders: Sie fielen vor ihm auf die Knie. Sie wussten, dass es Jesus war, der ihnen begegnete. Und trotzdem war da auch zweifelndes Fragen: Kann das wirklich wahr sein? Jesus, hier zum Greifen nah und doch so unnahbar?

Sie fanden einen schattigen Platz. Hier würde er sagen, was er zu sagen hatte. Nicht einer von ihnen würde diesen Moment und die Worte, die er sprach, jemals wieder vergessen. Es war wie ein Vermächtnis, wie die letzten Worte vor einem endgültigen Abschied. Und doch waren sie wie eine geöffnete Tür für die Menschen aller Zeiten. Jesus sprach mit ihnen, wie ein Freund zu seinen Freunden spricht. So hatte er schon immer zu ihnen geredet. Aber da war noch mehr. Er sprach herrschaftlich, von der Macht, die ihm im Himmel und auf der Erde gehört. Seine Worte waren bestimmt und freundlich und es lag Klarheit darin.

Und dann war da noch die Aufforderung, Verantwortung zu übernehmen und alle Menschen zum Glauben einzuladen und zu taufen. Auf den Namen des Vaters und des Sohnes und des Heiligen Geistes. Er bat sie, die Menschen zu unterrichten, ihnen zu erzählen, wie gut es ist, Gottes Wort zu vertrauen. Am tiefsten waren seine letzten Worte: „Ich bin bei euch alle Tage bis ans Ende der Welt." Jahre später, als sie um ihres Glaubens willen belächelt und verfolgt wurden, wirkten diese Worte nach. Sie würden nie mehr ohne ihn sein. Er würde sie auf allen Wegen begleiten.

Mit Gott auf dem Weg

Birgit Mahnken

Vor einigen Jahren machte mich mein Sohn auf einen TV-Sender aufmerksam. „Das musst du dir angucken! Ich glaube, das ist was für dich!" Von diesem Tag an guckte ich regelmäßig die Sendung von Joyce Meyer, einer Predigerin aus den USA, die in ermutigender Weise vom Glauben auf dem Sender Bibel TV spricht. Ein Vierteljahr später hatte unser Sohn dann einen Unfall. Dabei erlitt er einen schweren Schock und verließ ungesehen die Unfallstelle. Freunde, Nachbarn und Verwandte suchten vergebens. So wurde er auch mit Hubschrauber und Feuerwehr gesucht. Es zog ein Gewitter auf. Dabei nicht zu wissen, wo der Sohn ist und wie es ihm geht, war für uns eine heftige Situation. Aber irgendwie habe ich gespürt, dass Gott ihn behütet und weiß, wo er ist. Nach fünf Stunden wurde er glücklicherweise unbeschadet gefunden. Gott sei Dank!

Durch die täglichen Andachten von Joyce Meyer fühlte ich mich durch diese schwere Situation getragen. Auch nach diesem Ereignis schaute ich weiterhin ihre Sendung. Sie gab mir Kraft, das Erlebte zu verarbeiten. Ich wurde auf eine Veranstaltung von ihr in Basel aufmerksam. Und mein Entschluss

„Da staunten wir nicht schlecht und guckten sprachlos auf die Schrift."

stand fest. Da wollte ich hin! Eine angeheiratete Cousine wollte mich begleiten. Etwa zwei Wochen später kam unsere Tochter auf mich zu und fragte, ob sie auch mitfahren dürfte. Sie hatte ein Buch über Joyce gelesen und fand es auch interessant. Super, darüber habe ich mich sehr gefreut.

Es war für mich eine unbändige Freude, so eine Reise mit meiner damals 18-jährigen Tochter machen zu dürfen. Mit einer geraden Zahl an Leuten ist es angenehmer zu reisen, so haben wir noch eine Freundin gefunden, die auch mitkommen wollte. Sie hatte Bekannte in Lörrach, die uns ihr Haus als Unterkunft zur Verfügung stellten. Zudem haben wir einen günstigen Flug bekommen. Es fügte sich alles auf wundersame Weise.

Auf dem Weg zum Flughafen fuhr dann plötzlich ein roter LKW vor uns. Er trug die Aufschrift: „Behüte dich Gott auf deinen Wegen." Da staunten wir nicht schlecht und

guckten sprachlos auf die Schrift. So etwas hatte bisher noch keiner von uns gesehen! In Basel hatten wir eine schöne intensive Zeit und machten unseren Glauben noch einmal neu fest. Rückblickend wird es mir deutlich: Gott lässt uns nie allein, er ist bei uns bis ans Ende der Welt.

Birgit Mahnken, Jahrgang 1966, ist Hauswirtschaftsmeisterin, verheiratet, hat vier Kinder (28, 26, 21 und 17 Jahre) und zwei Enkelkinder (4 und 2 Jahre). Sie bewirtschaftet zusammen mit ihrem Mann einen landwirtschaftlichen Betrieb, ist im Kirchenvorstand aktiv, kümmert sich gern um ihre Enkelkinder, erkundet gern neue Städte mit Freunden und liebt es, ihren Garten zu pflegen.

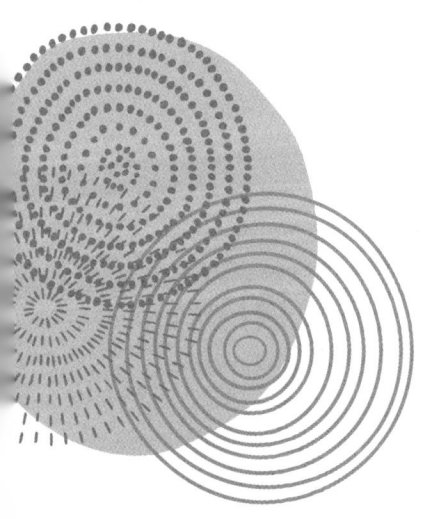

Gott spricht durch rote LKWs

Carolin Meyer

„Und was willst du später einmal werden?" – Dieser Satz hat mich in meiner Schulzeit lange verfolgt und jedes Mal, wenn er fiel, war ich verunsichert. Denn ich wusste doch selbst nicht, welcher Beruf zu mir und meinen Interessen wirklich passt. In der Schule und im Internet gab es unterschiedliche Berufsfindungstests. Bei mir lieferten diese Tests jedes Mal das gleiche Ergebnis: Landwirtin. Innerlich freute es mich, aber auf der anderen Seite war ich auch verunsichert. Klar, ich bin auf einem Bauernhof groß geworden, war immer gern im Stall, bin gern Trecker gefahren und habe mit angepackt. Aber reicht das? Schließlich habe ich doch auch einen älteren Bruder, wir können doch nicht alle Landwirtschaft lernen! Aufgrund dieser Unsicherheit habe ich diesen Gedanken schnell wieder verworfen und mich für eine Bewerbung bei der Polizei entschieden. Kurz darauf erhielt ich die Einladung für das Bewerberauswahlverfahren in Hann. Münden.

Entschlossen, dass der Beruf der Polizistin richtig für mich ist, bin ich dann hingefahren. Auf dem Weg dorthin fuhr plötzlich ein roter LKW mit der Aufschrift „Be-

„Insgesamt habe ich auf der Rückfahrt vier LKWs mit unterschiedlichen Sprüchen von Jesus gesehen, die mir wieder Mut gemacht und mein Selbstvertrauen gestärkt haben."

hüt dich Gott auf deinen Wegen" vor mir. Ich dachte an eine Reise mit meiner Mutter zurück, wo wir solch einen LKW zum ersten Mal gesehen haben. Schon damals waren wir erstaunt über die Botschaft - und jetzt war ich wieder genauso überrascht. Am nächsten Tag war dann das Auswahlverfahren, bei dem ich mehrere verschiedene Computertests in unterschiedlichen Bereichen wie Mathematik, Englisch oder Gedächtnisleistung bestehen musste. Leider hat es in einem Bereich nicht gereicht. Ziemlich enttäuscht und den Tränen nahe habe ich mich auf den Heimweg gemacht. Auf der Autobahn fuhr plötzlich wieder ein roter LKW vor mir, dieses Mal mit der Aufschrift: „Jesus sagt: Ich bin der Weg, die Wahrheit und das Leben." „Das gibt's doch nicht!", dachte ich. Insge-

samt habe ich auf der Rückfahrt vier LKWs mit unterschiedlichen Sprüchen von Jesus gesehen, die mir wieder Mut gemacht und mein Selbstvertrauen gestärkt haben.

Zu Hause angekommen, war es dann auch nicht mehr schlimm,

von meinem Misserfolg zu erzählen. Außerdem habe ich meiner Mutter von den roten LKWs erzählt, auch sie war davon überrascht und staunte nicht schlecht, dass ich so viele davon auf meinem Weg gesehen habe. Letztendlich habe ich nach dem Abitur doch Landwirtin gelernt und diese Entscheidung nicht einmal bereut. Die Arbeit mit der Natur und mit den Tieren ist auch aus heutiger Sicht der einzige Beruf, der für mich infrage kommt. Durch das Interesse an der Landwirtschaft habe ich auch meinen Ehemann kennen gelernt. Zusammen mit unseren Kindern möchten wir nach Abschluss meines Studiums den elterlichen Betrieb unterstützen und in Zukunft weiterführen. Für mich waren die vielen roten LKWs mit Sprüchen über Gott das Zeichen, dass Gott einen bestimmten Plan mit uns hat und uns den Weg zeigt, der für uns richtig ist. Er fädelt alles so ein, wie es sein soll, auch wenn wir das meistens erst im Nachhinein erkennen.

Carolin Meyer, Jahrgang 1991, studiert Agrarwissenschaften an der Hochschule Osnabrück, ist verheiratet und hat zwei Kinder (4 und 2 Jahre). Sie unternimmt gern Ausflüge ans Meer, liebt das Familienleben auf dem Bauernhof und ist gern im Stall bei den Tieren und in der Natur.

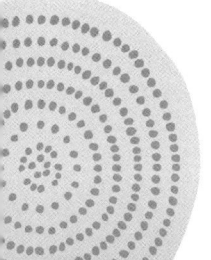

Anhang

Autorinnen der biblischen Nacherzählungen

Claudia Meyer

Geschichten zu Genesis 12,1-9; Genesis 22; 1 Könige 19;
Psalm 23; Psalm 104; Psalm 121; Psalm 139; Jesaja 1–11;
Hosea 1; 2,16; Matthäus 28,16-20; Markus 10,13-16;
Markus 10,46-52; Markus 4,35-41; Lukas 5,17-26;
Lukas 10,38-42; Lukas 15,11-32; Lukas 10,25-37;
Lukas 18,18-27

Franziska Schaller

Geschichte zu Genesis 16

Anke Holst

Geschichten zu Genesis 6–9, Lukas 2, Johannes 20,19-29

Bärbel Höyns

Geschichte zu Johannes 20,11-16

Wimke Keil

Geschichte zu Prediger 3

Bibeltexte

Die Bibelstellen auf folgenden Seiten sind der Übersetzung
Hoffnung für alle® entnommen, Copyright © 1983, 1996, 2002,
2015 by Biblica, Inc.®. Verwendet mit freundlicher
Genehmigung des Herausgebers Fontis: S.14,15

Die Bibelstellen auf folgenden Seiten sind der Lutherbibel entnommen, revidiert 2017, © 2016 Deutsche Bibelgesellschaft,
Stuttgart. S. 16, 26, 32, 113

Liedtexte

[1,2,3,4,5] Brandt, Susanne: Du bist ein Gott, der mich anschaut, © 2016 Strube Verlag, München

[6] Lied Nr. 288 des Evangelischen Gesangbuchs der Evangelischen Kirche in Deutschland

[7] Hoppe, P/Evers, L.: T&M,© 1980 Verlag Moin Ed.MCA Musik GmbH/erschienen auf der LP „Wiehnacht op Land" aus dem Jahr 1980 bei der Firma Phonogram

[8,9,10] Jacobi, Daniel: T&M, © 1995 GenX-Music, www.gerth.de/index.php?id=details&sku=L461180 (letzter Aufruf 30.08.2018)

Bildnachweis

S. 14, 20, 23, 30, 40, 45, 57, 59, 77, 93, 96, 100, 118, 124, 130, 137, 142, 143, 146, 154, 155, 159: *B. Bohmbach*

S. 16, 52,64, 70, 71, 72, 82, 111, 120, 138: *C. Meyer*

S. 19: *O. Schlesselmann*

S. 34: T. Janßen

S. 78: *A. Hannemann*

S. 105, 108: *M. Klindworth*

S. 127: *N. Dembski-Minssen*

S. 26, 34, 41, 47, 53, 87, 102, 114, 127, 132, 150, 160, 163: *Privat*

S. 162: *Spedition Knuth, Seevetal*

Dank

Unser spezielles Dankeschön geht an folgende Personen:

Tjaard Behrens und Felix Weißenrieder: für die Erkenntnis, dass Rechtschreibung und Interpunktion mehr sind als eine Aneinanderreihung von Buchstaben und Satzzeichen.

Ole Schlesselmann: für Feuerwehrdienste am PC, wenn es brennt und uns die Zeit wegläuft. Du bist einfach klasse.

Marlene Miesner: für deine Geduld, wenn wir mal wieder alles über den Haufen geschmissen haben. Es war Luxus für uns, aus einer Vielfalt an Vorschlägen das Beste heraussuchen zu dürfen.

Natalie Enns von textgeeks, die „Königin der Worte": Sie weiß, wie man sie schreibt, setzt und zur Geltung bringt. Nie haben wir deine Klasse in Frage gestellt. Es war beruhigend, dich an unserer Seite zu wissen.

Sabine Stemmann, die Buchhändlerin unseres Vertrauens und **Kimberly Kaiser:** Von euch lernten wir, wie man ein Buch vermarktet, bewirbt und es in Szene setzt. Danke für eure unkomplizierte Unterstützung.

Ursel Luh-Maier als wunderbare Unterstützerin: Kurz und knapp beschreibt sie, was dieses Buch sein möchte – wir hätten es nicht besser sagen können.

An all die tollen, wunderbaren Frauen, die als Autorinnen an diesem Buch mitgeschrieben haben: für euren Mut und das Vertrauen, das ihr uns geschenkt habt. Literaturnobelpreisfähig ist es vielleicht nicht, aber dank eurer Hilfe ist es für uns jetzt schon ein kleines Meisterwerk!

Danke!!!

Last but not least: ein herzliches Dankeschön **an Sie, liebe Leser und Leserinnen,** dass Sie sich für dieses Buch entschieden haben. Wir hoffen, dass Sie sich in der einen oder anderen Geschichte wiederfinden konnen.

Liebe Leser und Leserinnen

Gibt es auch für Sie eine Lieblingsgeschichte in der Bibel? Warum ist es wohl gerade diese? Haben wir Ihnen Lust und Mut gemacht Ihre „Einsichten und Aussichten" zu erzählen? Dann ist hier Platz für Ihre Gedanken:

_____

_____

_____

_____

_____

_____

_____

_____

_____

_____

_____